教与学的心理学

姚计海◎著

教师与学生的心理沟通

了解学生问题背后的原因

Jiaoshi yu Xuesheng de Xinli Goutong

LIAOJIE XUESHENG WENTI BEIHOU DE YUANYIN

北京师范大学出版集团
BEIJING NORMAL UNIVERSITY PUBLISHING GROUP
北京师范大学出版社

图书在版编目(CIP)数据

教师与学生的心理沟通：了解学生问题背后的原因/姚计海
著. —北京：北京师范大学出版社，2013.3(2023.5重印)
ISBN 978-7-303-14948-3

Ⅰ．①教… Ⅱ．①姚… Ⅲ．①学生心理－教育心理学
Ⅳ．①B84

中国版本图书馆 CIP 数据核字(2012)第 144023 号

图书意见反馈：gaozhifk@bnupg.com　010-58805079
营销中心电话：010-58802755　58800035
北师大出版社教师教育分社微信公众号　京师教师教育

出版发行：北京师范大学出版社　www.bnup.com
　　　　　北京市西城区新街口外大街 12-3 号
　　　　　邮政编码：100088
印　　刷：北京溢漾印刷有限公司
经　　销：全国新华书店
开　　本：730 mm×980 mm　1/16
印　　张：14.5
字　　数：216 千字
版　　次：2013 年 3 月第 1 版
印　　次：2023 年 5 月第 8 次印刷
定　　价：48.00 元

策划编辑：何　琳　　　　责任编辑：何　琳
美术编辑：李向昕　　　　装帧设计：李向昕
责任校对：陈　民　　　　责任印制：马　洁

序

我们处在一个国家经济迅猛发展、人民物质生活水平极大提高的时代，也处在一个社会历史文化积淀不断加深、社会公民素养亟待加强、社会道德与责任感亟须不断提升的时代。这个时代既让人们充满了美好的希望和期待，也让人们显得有些躁动又追求浮华，如何更好地发展成为人们深思的问题。

在这种经济不断快速发展，而人的素养也亟待提升的社会背景下，教育(包括学校和家庭教育)的责任蕴含其中，教育成为人们的期待和关注点。其中，学校教育被放到无比重要的地位上，教师也常常成为人们注目的焦点。《国家中长期教育改革和发展规划纲要(2010—2020年)》再次明确了学校教育的重要地位："百年大计，教育为本"，同时也再次明确了教师的重要地位："教育大计，教师为本。"

本书主要为中小学教师及相关学校教育工作者而写，虽然主要讨论的是一个微观的教育话题——"教师与学生的心理沟通"，但是，希望这个微观的教育话题能深刻地反映出一种宏观的教育理念：教育的本质就是心理沟通，学校教育的本质就是教师与学生的心理沟通。

本书主要从以下四大部分来探讨师生之间的心理沟通：

第一部分"师生沟通的意义"
第二部分"什么是有效的师生沟通"
第三部分"师生沟通的心理前提"
第四部分"如何进行有效的师生沟通"

这四大部分共包括十二章，每一章主要有五个内容："问题或案例""分析与讨论""应对策略""自我提升"和"拓展案例"。希望这本书能以沟通的方式与读者进行一次深入浅出、理论紧密联系实践的对话或交流。本书既关注从教师的视角来分析问题，也关注从学生的视角来解决问题，希望与教师们一起探讨如何与学生进行有效的心理沟通，如何促进学生更好地发展，从而为教师获得更好地专业发展和心理发展提供支持。

一般而言，在心理层面上，读者阅读一本书时往往希望在以下五个层次上有所收获：

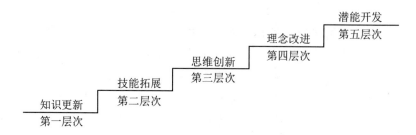

其中第一个层次"知识更新"，应该是一个比较基础或简单的目标，而第五个层次"潜能开发"，应该是一个高层次的目标，它可能是读者最希望实现的目标，即通过学习激发内在自我潜能，以实现自身最大的价值和意义。虽然，这本书希望达到使读者"潜能开发"的目标，但"潜能开发"并不是这本书的基本目标定位，"潜能开发"这一目标需要读者在教育教学实践中不断学习和不断努力来逐步实现。

这本书的基本目标定位在第四个层次"理念改进"。希望读者通过这本书的阅读和学习，可以在自身的学校教育教学理念方面有所感悟和改进，进而在学校教育教学方式方面有所完善。"理念改进"是一个比较高的目标，这本书主要为中小学教师而写，而中小学教师作为成年人，都是心智成熟的个体，或者说教师们心理与智慧发展都已经形成较为完善的体系，教师们对社会及学校教育教学过程中的各种现象和事物已经形成比较稳定的认识和理解，因此，真正改进或改变教师们的理念，并不是一件容易的事情。

但是，这并非意味着教师们的教育理念是不可改变的。事实上，有一个人可以很容易改进或改变教师的教育教学理念，这个人是谁呢？这个人不是别人，正是教师自己。对于一个成年人而言，当自己从内心接受某种新的理念或观念时，当他愿意改变自己的理念时，这种"理念改进"就会变得非常容易，因为那种改变是来自于一个人的内在力量。

我曾经在某教育报刊上看到一篇报道，这篇报道占据整整一个版面，报道的标题用大的黑体字非常醒目地写道："某领导要求广大教师向某模范教师学习"。当我去一些中小学把这篇报道拿给教师们看时，许多教师反映"要求"两个字"太刺眼"，让人感到不舒服，有些教师甚至表现得有些逆反，表示"要求我学，我就不学"。可见对教师而言，学习是发自内心的需求，而不应该是外界强加的结果。因此那篇报道的题目如果能把"要求"改为"建议"或"倡议"，那么它对广大教师的引导效果可能会真正具有积极作用。

教师作为心智成熟的人，促进教师发展也许最为有效的途径就是教师自己改变自己。因此，这本书所提倡的观点或理念也是给教师提出的一些建议或倡议，每位教师可以根据自己的教育教学实践需求，根据自身教育经验与反思，来最终确定是否接纳，是否采用。

同样，教师为了促进学生良好发展，也有必要充分重视、培养和激发学生发展的内在动力，力求把学生发展的外在动力转化为内在动力，引导学生自己改变自己，这也许是一种教育的理想境界。因此，在教育教学过程中，教师与学生之间的沟通是必不可少的。如果教师简单地通过权威的力量去"要求"学生服从，去控制学生的行为，那么学生在此过程中很难学会内在的自我调节与控制。真正的教育是对学生心灵的塑造，是在学生的心灵中引起共鸣和感悟，这就需要教师与学生之间进行心灵的沟通。

反观当前中小学教育，教育者（包括各种教育管理者）过多地强调了外在力量对学生心理与行为发展的调节与控制，这样培养的学生就可能缺乏内在的自我调控。学生是否能真正表现出教育者所期望的言行，学生是否能培养成为个性与品行发展良好的人，学生是否能成长为一个真正心智健全的人，这不是仅凭借教育者一方的外在力量可以实现的。

目录
CONTENTS

第一部分　师生沟通的意义

DIYI BUFEN　SHISHENG GOUTONG DE YIYI

第一章　从学生的心理健康说起

> "凡是愚弱的国民，即使体格如何健全，如何茁壮，也只能做毫无意义的示众的材料和看客"，"所以我们的第一要著，是在改变他们的精神"。

> ——鲁迅，《呐喊》自序

以鲁迅的话语开始这一章，用意不在于关注他当年的"弃医从文"，也无意于忽视体格健全、身体健康的重要性，而是在于强调心理健康之于身体健康更为重要，对于个人乃至全体国民都是如此。尤其，对于学生发展而言，心理健康发展仍然是教育的"第一要著"。

世界卫生组织（WHO）关于健康的界定，就特别强调了心理健康的重要性，指明健康的基本含义在于一个人要拥有四方面内容：良好的身体健康、良好的心理健康、良好的社会适应、良好的道德意识与行为。其中，良好的心理健康是最为核心的内容，社会适应与道德往往包含于其中。简单地说，一个健康的人不仅要有健康的身体，更要有健康的心理。

学校教育的根本任务之一在于维护和促进学生的心理健康发展。学校心理健康教育的主要任务在于：

（1）减少学生的心理与行为问题，帮助学生解决各种发展性的心理困惑和问题，对少数有严重心理行为问题和心理障碍的学生给予科学有效的咨询、辅导或转介；

（2）与家庭教育相结合，培养学生健全的人格和良好的个性心理品质；

（3）提高全体学生的心理素质，充分开发学生的潜能。可见，对学生进行心理健康教育，促进学生心理健康发展成为教师的一份职责。

一个人发展的核心在于心理发展，一个人健康的关键在于心理健康，学生心理健康发展是教育不可回避的目标。学生发展的关键在于其心理发展，学生心理发展的关键在于其心理健康发展。拥有良好的心理健康状态是学生发展的核心内容。教师与学生心理沟通的一个重要目标就在于通过积极有效的沟通，更好地了解学生的心理发展规律和特点，并在此基础上充分理解学生的心理状况与行为表现，化解学生的心理与行为问题，促进学生的心理健康发展，从而引导学生获得更好的发展。

 教师如何判断学生的心理问题？

以下是两个有关学生心理问题的典型案例，借此我们来讨论教师如何准确判断学生的心理问题。（关于本书中的许多案例来自于中小学心理咨询与教育工作实践，出于对当事人的尊重与保密考虑，在不影响案例基本内容和性质的情况下，对案例中的人物特点及情境进行了适当改编。）

【案例1】学生的问题是心理障碍吗？

某中学初二的一个班级，有位教师正在上课，看到有个男生懒洋洋地倚靠着墙歪坐着，也许教师觉得学生这样坐是对教师的不尊重，或是认为学生这样坐会干扰其他同学，于是教师通过提问学生回答问题的方式想使他坐正，但学生回答教师的提问坐下后又重新倚靠在墙上。教师通过多种暗示的方式提醒学生坐正，但是学生并不理会教师的意思。

于是，教师直接请学生坐端正，而学生对教师的要求仍然置之不理。教师就走到学生面前，命令学生坐正，但是学生并不服从，于是教师亲手抓着学生的肩膀，终于把他扳正了，但是当教师回到讲台后，转身发现那个学生还是歪坐着。于是教师又过去抓着学生的肩膀把他扳正，但是教师回到讲台，依然发现学生歪坐着。

教师开始批评学生，生气地质问学生："你有病啊！"学生强硬地回答："我就有病，我有软骨病。"于是，教师大发雷霆，批评这个学生是不遵守纪律、不尊重教师的问题学生，并认为这个学生有严重的心理障碍。于是，课堂秩序变得混乱，教学活动也被迫中断。

那么，这个学生的行为问题真的属于心理障碍吗？

多数教师遇到这个初二学生的问题也许都会感到头疼，学生似乎存在问题，而教师对学生问题的判断是否恰当呢？下面再看一个小学生的案例，教师对这位小学生品行问题的判断是否恰当呢？

【案例2】学生的问题是品行问题吗？

某小学五年级的男生，学习成绩总是全班最后几名。在最近一次期末考试中，所有科目考试成绩都不及格，有的课程只有三四十分。然而，这个学生的学习问题并不是教师最关注的，教师最关注的问题是这个学生与同学交往中所表现出的一些异常情况。

这个学生坐在教室的最后一排，除了与一两个同学来往以外，他很少与别的同学说话。许多同学都叫他"傻瓜"，甚至有的教师当着班级同学的面称他"弱智"，认为他心智发展有问题。然而，这个学生的父母曾带他去医院做过智力检测，他的智商处于正常水平，并不是所谓的"弱智"。

更为严重的是班级里的一些同学经常取笑他，甚至有的同学经常在放学路上欺负他。有一次，放学路上，他被几个同学拦住打骂，推搡之间，他抓破了其中一个同学的脸。事情反映到班主任那里，教师问他怎么回事，他一句话也不说，因此教师认定他品行不良，而且认为是他欺负了别的同学，要求他赔付那个被抓伤的同学的医药费。于是，家长被请到学校，教师向家长反映了这个学生的品德与学习方面的问题。家长诚恳地向教师道歉，请教师原谅孩子的过错，并表示积极配合学校做好孩子的教育工作。

那么，这个学生真像教师认为的那样存在品行问题吗？如果有心理问题，那是什么性质的问题呢？

 分析与讨论　学生心理健康与师生沟通

一、什么是心理健康？

目前，关于心理健康还没有统一的界定或标准，什么是心理健康，或心理不健康，仍然没有达成共识。心理学、社会学、医学、统计学等学科都有着不同的标准。

根据世界卫生组织对心理健康的界定，心理健康状态要有以下四个指标：

(1) 没有心理疾病或变态；

(2) 良好的心态和社会适应；

(3) 完整统一的人格；

(4) 心理潜能的充分发挥。

在我们的现实社会文化背景下，多数人的心理健康状态往往符合第1条和第2条"没有心理疾病或变态"和"良好的心态和社会适应"，而第3条和第4条"完整统一的人格"和"心理潜能的充分发挥"并不是多数人能做到的，尤其是第4条是人们需要长期努力才能实现的。

因此，简单而言，一个人如果拥有前两条，那么就可以认为他的心理健康状况是良好的，而如果一个人也拥有后两条，那么，他的心理健康状况就是非常好的。其中，拥有"完整统一的人格"不仅是心理健康的重要标志，也是人与人之间高效沟通的重要保证。

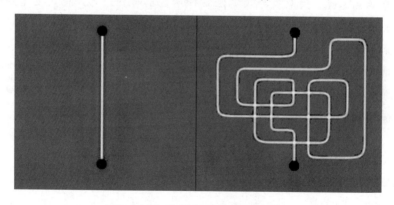

图1　东西方的人思维方式的差异

（左边表示西方人的思维方式，右边表示东方人的思维方式）

从心理学的视角来看，"完整统一的人格"即人们头脑中想的与口中说出来的是一致的，并且口中说出来的与行动做的是一致的，即"表里如一，言行一致"。当然，世界卫生组织制定这一标准的时候，也许没有充分考虑中国人的文化特点。对比东西方文化，从图1中可以看出东西方的人思维方式的不同，虽然图1可能表现得有些夸张，但是，反思我们的文化特点，人们在人际交往中时常表现出"表里不一，言行不一"。在我们的人际交往中，思维方式的确有很多"绕弯儿"的情况发生，这往往增加了人际沟通的复杂性。比如，我们去别人家作客，主人说"倒茶"，客人往往会说"不用倒，不喝，不渴"，然而主人还是把茶倒来了。当客人走后，主人却发现客人把茶喝掉了。这种"绕弯儿"的思维方式在学校教育中也并不少见，它可能会给师生心理沟通的效果带来不良影响。

因此，在中国文化的背景下，对于世界卫生组织提出的心理健康的四项指标而言，一个人如果拥有前两项，那么其心理健康状态应该是良好的。当然，在现实生活与学校教育中，"完整统一的人格"和"心理潜能的充分发挥"也应是我们不断追求与完善的目标，学校教育应力求培养学生成为"表里如一、言行一致"的人，这是人与人之间相互信任和有效沟通的重要保证。

二、学生心理健康的问题表现

近年来，我国心理学和教育学工作者对中小学生心理健康状况做了大量调查研究，发现当前学生心理健康状况的一些不良表现，学生出现的心理问题繁杂多样，有些令人不容乐观，比如，孤僻、焦虑、攻击性、情绪反常、神经衰弱、交往障碍、学业困难、学校恐惧、甚至自杀等，这些问题主要涉及学生的学习心理、自我发展、人际关系、情绪和社会适应等方面。甚至有的调查研究指出，有心理问题的学生人数比例非常高，从百分之几到百分之几十，这样的数字令人关注，也令人思考。

根据心理问题的性质，学生的心理问题可以分为两大类：发展性的心理问题和障碍性的心理问题。

1. 发展性的心理问题

发展性的心理问题是在学生心理发展从不成熟不断走向成熟的过程中自然而然出现的心理问题或困惑，比如，小学阶段有些学生可能表现出强烈的自我中心，中学阶段有些学生可能表现出强烈的逆反心理，等等。这类问题往往并不严重，只要教师根据学生心理特点加以疏导，大多可以顺利解决。

案例1中所描述的学生"倚靠着墙歪坐"的问题就属于发展性的心理问题。对于处于青春期的学生来说，他们生理发育趋于成熟，思维水平不断提高，他们渴望对自我的控制，渴望自主，但是，青春期学生的心理发展尚未成熟，使得他们的行为时常表现出相对的幼稚性，在追求自我价值与遵从规范之间常常因为不能良好把握而产生一些冲突。在理想与现实，自主与"他主"之间，他们内心往往充满激动与消沉、高兴与苦恼，因此可能会表现出一些冲动或幼稚的想法或举动。因此"对抗"教师的情况时有发生，也是自然而然的事情。在案例1中，那位男生"对抗"教师的做法，从青春期这一特定心理发展阶段来看，就不能简单地用心理障碍标准来评判，它是青春期学生心理发展的必然产物。

因此，对于处于青春期心理发展阶段的学生而言，如果教师没有认清其心理问题的发展特性，缺乏及时和适当的引导，而简单采取灌输教育的方式，一味地讲道理或说教，那么不仅难以取得良好的教育效果，而且还可能引起学生更多的逆反或对抗，甚至还有可能导致学生产生焦虑与抑郁等一些严重的心理问题。

2. 障碍性的心理问题

障碍性的心理问题是由于学生学习与生活中的特殊事件或经历所导致的心理问题，比如，不良的家庭教养或学校教育导致学生出现的交往障碍、学校恐惧、沉迷网络，甚至自杀，等等。虽然这类问题表现于学生的心理发展过程中，但它往往由特定的原因导致，并不是学生心理发展过程中必然产生的，也不是由学生心理发展本身导致的，比如，长期在家庭暴力环境下成长的孩子，就可能表现出焦虑或恐惧症状。

案例2中所描述的问题就是一种障碍性的心理问题，那位小学生的问题并不是教师所认为的品行问题，而是人际交往障碍。通过深入了解学生的家庭背景和生活经历，这一点很快可以得到证实。

原来，这个小学生在一年级时，父母就离异了，长时间以来没有与父母在一起生活，而是由爷爷奶奶抚养。爷爷奶奶非常关心这个孩子，在生活上给予孩子很多照料，但是他们常常用严厉打骂的方式教育孩子。因此，本来就缺乏父母关爱的孩子就变得越来越不愿与别人说话了，导致出现交往障碍。

因此，教师面对学生的障碍性心理问题，比如，学习障碍、交往障碍、情绪障碍等，不应该简单地下结论，草率处理，以免加重学生的心理问题，甚至引发更严重的心理疾病。教师需要给予有障碍性心理问题表现的学生充分的关心和理解，寻找问题根源，耐心教育引导。如果教师感到力所不及，难以调控，就需要寻求家长的配合，并且引导学生求助于专业的心理咨询或心理治疗人员的帮助。

三、对学生心理健康问题的思考

表 1　影响学生心理健康的因素

外显因素	内隐因素
➢ 社会背景 ➢ 家庭教育 ➢ 学校教育：考试和升学压力 ……	➢ 人际交往与适应 ➢ 个性发展特点 ➢ 思维方式 ……

当前，随着社会意识形态的不断发展和多元化，教师在学校教育教学过程中经常要面对的学生心理健康问题也表现得繁杂多样。由于我国目前学校心理咨询方面的专业教师资源仍然非常缺乏，因此学生心理健康教育不仅是心理咨询专职教师的职责，也成为每一位教师分担的职责。

事实上，许多学校并没有专职的心理咨询教师，学生的心理健康教育就成了广大一线教师的职责，于是，教师需要学会针对不同性质的学生心理问题，选取相应的解决途径、方法和策略，而洞察学生心理问题的性质是教师妥善解决好学生心理问题的前提保障，对有效实施心理健康教育具有重要意义。

1. 学生问题多为发展性的心理问题

在学生学习与成长的过程中，障碍性心理问题相对而言并不多见，多数心理问题属于发展性的心理问题。心理学研究认为，心理发展的根本动力在于原有心理发展水平与新的心理需求之间的矛盾。由于各种内在与外在条件的限制，中小学生在心理迅速发展过程中，其基本心理需求不可能总得到满足，必然产生各种心理矛盾与冲突。

学生的发展性心理问题正是其认知、情绪、自我等心理发展与心理需求相矛盾与冲突的结果，它与学生的年龄特征有着密切的关系，在不同心理发展的年龄阶段，学生就可能表现出不同的问题。

比如，我们研究表明，在中学阶段，教师与学生的师生关系呈波浪下降趋势。中学阶段师生关系的发展具有鲜明的年级特点。初一师生关系最好，但随着年级的增长，师生关系呈波浪下降发展趋势，初二和高二表现相对最不理想。

分析其原因，可以发现：学生的认知能力不断提高，进入中学以后，其发散性思维能力提高很快，思维的独立性和批判性有显著发展。因此，他们可能会越发以独立批判的眼光看待自己与教师的关系。艾里克森（Erikson）指出青少年期是自我同一性形成与同一性混乱相冲突，并获得新的自我同一性的时期。

中学生处于这一时期，他们常常会陷入困惑、矛盾的心理冲突之中，这使得中学生师生关系具有一定的复杂性。中学阶段，尤其是高中阶段，学生的学习任务较重，许多教师对学生的学习有着较高的期望。在这种情况下，学生的情感和人格等方面的发展在一定程度上受到忽视，师生心灵沟通受到限制，可能增加师生之间的冲突和冷漠的成分。

相关资料："初二、高二现象"[①]

我们研究表明，对中学阶段的学生而言，教师值得注意的是"初二、高二现象"。从年级发展趋势来看，初二和高二学生师生关系的矛盾冲突型明显多于其他年级，而亲密和谐型的师生关系的学生人数明显少于其他各年

---

① 摘自《心理与行为研究》2005年第4期的调研报告"中学生师生关系的结构、类型及其发展特点"，作者姚计海、唐丹。

级。从师生关系类型来看，初二和高二都表现出疏远平淡型师生关系人数最多，其次是矛盾冲突型，亲密和谐型最少。整体来看，初二和高二学生的师生关系发展明显不同于其他年级，表现出更冲突、更疏远和更不亲密，可见，这两个年级是中学生师生关系发展的两个特殊阶段。

探讨其原因，可以发现：

（1）初二阶段是初中生认知发展的转折期，其思维批判性有较快的发展，也表现出更多的心理困惑。在与教师交往中，他们经常审慎地看待教师的态度和行为，但他们的整体认识水平仍比较幼稚，认识问题易于偏激，容易引起师生冲突或疏远。

（2）高二阶段也是高中生认知发展的一个转折期，高二阶段是抽象逻辑思维已经基本成熟时期，而且辩证逻辑思维也趋于占优势的地位，表现出更多的批判性，但是并没有完全发展成熟。因此，虽然他们对事物有着更为全面深刻的认识，但认识事物容易偏激或极端，有可能反抗或轻视权威，与教师交往也容易出现认识上的偏差。

可见，独特的认知发展特点在一定程度上促使这两个年级的学生表现出独特的情绪情感和自我意识，比如，初二学生产生较强的成人感，高二学生产生较强的成熟感，但从本质上讲他们的身心发展并没有完全成熟。

从教师角度来看，如果教师对这两个特殊阶段的学生的年龄特征缺乏充分的认识和心理准备，也可能导致师生关系的冲突与疏远。如果教师认为自己是绝对的权威，从而对学生严厉批评或控制，就可能造成师生之间的对抗，使问题变得严重起来。如果教师认识到学生的这种发展特点，对学生的"问题"予以适当的疏导，而不是"硬碰硬"，就可能会良好解决学生的"问题"。

因此，教师作为教育者，其职能之一就是创造和建构民主平等的师生沟通，使学生通过师生沟通体验到尊重、信任、友善、理解等。实施素质教育应强调师生之间在民主平等的基础上建立亲密和谐的师生关系。教师充分认识师生沟通的特点和作用，有助于不断调整教师自身的教育观念和行为，从而建立良好的师生关系，更好地引导学生健康成长。

2. 教师职责在于解决发展性心理问题

作为引导和帮助学生获得良好心理发展的教育工作者，教师在面对学生的心理问题时，其职责主要在于预防和解决学生的发展性心理问题，而不在于障碍性的心理问题。面对学生障碍性的心理问题，大多数教师并非心理专业人士，缺乏心理咨询或心理治疗方面的专业训练，未必能够积极应对，比如，学生表现出严重的自杀倾向等心理障碍，由专业的学校心理咨询或心理治疗人士来加以调节则更可能获得良好的效果。

教师在面对学生的发展性心理问题时，主要应做好两方面的工作：

一方面，教师要做好学生发展性心理问题的预防工作。教师要充分了解学生在不同发展阶段的心理特点以及可能出现的问题，并掌握一定的应对策略。在重视学生智力和潜能开发、积极情感培养、个性与社会性良好发展的同时，教师要积极关注学生心理冲突与危机的早期预防，从而有效化解学生可能出现的发展性心理问题。比如，当教师了解到前文提到的"初二、高二现象"时，面对学生就会多少有一些心理准备，有助于预防可能产生的师生冲突。

另一方面，教师要积极面对学生已经表现出的发展性心理问题。如果学生表现出发展性的心理问题，教师要积极地看待学生的问题，坚持正确的学生观，将学生视为发展的人、有个性的人和系统的人，努力引导和帮助学生解决好成长过程中的心理问题，帮助学生顺利度过不同的心理发展阶段。比如，本章案例1中的学生与教师的"对抗"，教师可以考虑暂不理会，课后再与学生沟通一下，了解学生"对抗"的真正原因，而不必在课堂上与学生针锋相对。

 应对策略 以沟通促进学生心理发展

一、以沟通了解学生的心理问题

如果教师与学生之间缺乏沟通或沟通不畅，那么教师就难以真正了解学生心理问题的原因。教师不了解学生就可能难以正确地帮助解决学生的心理问题，甚至有可能加剧学生的心理问题。从本章案例 2 中可以看出，教师通过自己过于主观的判断而称学生为"弱智"，这体现出教师对学生的问题缺乏了解，也反映出教师与学生之间缺乏有效的沟通。

试想，如果这位教师在"事发"之前能了解一下学生的个人情况，他的家庭状况和成长经历，以及在学校的人际交往表现，那么，教师对学生的认识就可能更为全面和准确，解决学生心理问题的方式也就可能会有所调整。因此，如果这位教师能与学生进行积极的心理沟通，对学生的问题或错误有充分的认识，并在此基础上进行疏导和解决，那么那位学生就可能不被戴上"弱智"的帽子了，其品行和学业发展轨迹就可能发生积极的转变。

学校教育的核心目标之一在于促进学生发展，因此教师为了促进学生发展，积极与学生沟通，以沟通了解和化解学生的心理健康问题，就是一种促进学生发展，尤其是促进学生心理健康发展的有效途径。

二、改善教师的内部环境，维护教师心理健康

为了培养学生良好的心理健康状态，教师自身也需要拥有良好的心理健康状态。教师是学生的行为榜样，也是学生行为的强化者，教师的心理健康状况对学生传递积极的信息，产生积极的影响。无论是教师本人，还是学校，都应该充分了解影响教师心理健康的各种因素及其作用机制，有效地维护和促进教师的心理健康。

综合已往研究成果，从教师自身而言，维护与促进教师的心理健康主要在于完善教师的内部心理环境。

1. 教师要树立科学的教育教学观念

现代学校教育的职责，已不限于向学生传授各种知识、培养各种技能以及发展智慧能力，学校更负有促进与指导学生获得良好的人格发展与心理健康的重要职责，这已成为教育界的共识，也是未来教育发展对人才培养的趋势。如果教师对此缺乏应有的关注和重视，就可能影响到学生的健康成长。

儿童青少年时期作为人生中的一个重要阶段，有相当长的时间是在学校度过的，在学校中，教师对他们的发展有着不可替代的重要作用，因此，教师需要树立科学合理的学生观，视学生为发展的人，使学生获得更好的塑造；视学生为有个性的人，照顾到学生之间的差异性或个性，引导学生在不同层面上获得健康发展；视学生为系统的人，意识到学生拥有不同家庭教育和成长经历。

2. 教师要掌握一些心理健康知识

当前，教师的心理健康问题已经成为全面提高教师素质的干扰因素。为了教师自身发展，也为了学生更好地发展，教师有必要了解一些心理健康方面的知识，掌握一点解决心理问题的技术方法。如果教师对此不了解，就可能误解或误导学生的心理发展。

比如，我曾在一所小学听课，全班同学都在认真听讲，而教室后排的一个小学生也许出于好奇不断地回头看我，跟我说话，我一时不知如何应对。讲课的教师也发现了学生的表现，在学生们做课堂练习时，教师走到我旁边，善意地提醒我："不要理他，他有多动症"。听到这位教师这样说，我心里感到有些不安，因为教师这样对我说，这个小学生也听得很清楚。课后我向教师询问如何知道这个学生有多动症，教师告诉我，因为这个学生特别好动，就应该是多动症。其实，虽然多动症以活动多为主要表现，但是，多动症最典型、最核心的特征并不是多动，而是注意力不集中。希望教师给学生的这顶"帽子"不会给学生带来不良影响。可见，虽然教师不是心理咨询师，但是教师有必要掌握一些基本的心理健康知识，区分一些常见学生心理问题或障碍的表现，并具备初步的识别和调控学生心理问题的能力。

3. 确立正确合理的价值观念，营造宽松的心理环境

从事教师这一职业如果仅仅是为了谋生，那么可能把它看得过轻了。虽然，当前中小学教师的工资待遇还不高，但是，教师这一职业的价值并不能因此而降低，教师要充分认识到教育的价值，认识到教师职业的价值，因此，从根本来看，教师要充分认识自我，也许人一生努力在做的事情就是认识自己。教师也需要充分了解自我，悦纳自我和发展自我。具体而言，作为教师有必要充分认识和肯定自我价值，对自己从事的教

师职业身份树立基本的认同感，通过积极的自我暗示和鼓励，建立良好的职业心态和自我意象，营造良好的职业人际心理环境，积极开发自身的潜能，为教师自身与学生的心理健康发展创造良好的氛围和坚实的基础。

4. 塑造良好的教师职业性格

不同性格特征的人对压力的感受有所不同。弗里德曼和罗森曼（Friedman & Rosenman，1974）在对心脏病患者的研究中发现了被称为A型性格的行为方式。这种性格特征表现为有冲劲、精力旺盛、求胜心切、竞争性强的行为方式，总想在最短的时间内处理无数难以确定的事物，而这种长期处于压力下的紧张状态付出的代价就是更有可能导致心脏负担过重，因而产生疾病。因此，那些表现出竞争意识强、争强好胜、缺乏耐心、极端追求效果、成天忙忙碌碌等行为特点的教师，在面对工作压力时，其性格中的这些不利因素就可能会显现出来，并对身体健康产生不利影响。因此如果教师发现自身具有以上一些特征，而且表现得比较明确，那么教师就应该提醒自己把飞快的教育教学工作节奏放慢一些，把对学生发展的期待降低一些，把自己事业的成功与失败看得淡薄一些。

表2　A型性格的典型表现

> 说话时会刻意加重关键字的语气
> 吃饭和走路时都很急促
> 当别人慢条斯理做事时会感到不耐烦
> 听别人谈话时，会一直想自己的事情
> 一边吃饭一边工作
> 停下工作休息一会儿，觉得浪费时间
> 尝试在限定的时间内做完更多的事
> 总觉得有事等着自己立刻去做
> 对自己的工作效率总是不满意
> 觉得与人竞争时非赢不可
> 与别人交谈时，经常打断对方的话
> ……

三、改善教师的外部环境，创造教师发展条件

影响教师职业发展的因素各种各样，教师发展及其面临心理问题的解决不能仅仅靠教师的自身努力，也需要学校和社会等各方面采取适当的措施。比如，学校和社会可以为教师提供心理咨询和心理治疗服务，为教师提供促进专业发展的系统指导，增加对教师工作的心理支持，学校自身也可以积极改进学校的内部管理，为教师心理健康发展创造良好的学校管理氛围。

1. 真正提高教师的社会地位，形成尊师重教的社会风气

教师职业一方面被视为神圣的、"太阳底下最光辉的职业"；但是另一方面却缺乏足够的社会地位，这有教师自身的原因，也与社会外部因素有关。当然，近年来，我国广大教师社会、经济地位虽然有所提高，但仍然存在许多问题和不足。这需要国家各级政府管理部门进一步把国家教育大政方针落到实处，进一步增加教育投入，提高教师的工资收入，改善教师的住房、医疗、工作条件等物质待遇，从而为提高教师的心理健康水平奠定社会基础。

2. 树立教师良好的社会形象

政府及社会相关部门应积极采取措施，有组织、有计划地通过各种传播途径，呼吁全社会关心和支持教师工作，宣传教师在社会发展中的巨大作用，推动尊师重教社会风气的形成，提高教师的心理健康水平。事实证明，良好的教师职业形象有助于教师工作成就感的建立和职业信心的提升。社会大环境要正确理解和认识教师，改变对教师的片面认识，使"尊师重教"之风真正深入人心，深入社会意识之中，让教师真正感受到关心和尊重，真正把"科教兴国"的战略落到实处。

3. 深化国家的教育教学改革

学制、课程、教法都需要进行科学研究和不断改革，同时促进教师群体职业化，在教师的筛选、培训和资格认定方面形成一整套的标准，教师综合素质要提高，师资培训制度和质量也需要相应有所提高。我国传统的教师教育体制已经不能完全满足社会发展对教育的需求，因此应

当进行必要的调整与改革，以利于社会发展的需要，尤其是要建立科学合理的教师评价体系和运作机制，这对教师保持良好的职业心态具有重要而深远的意义。

4. 为教师提供心理咨询服务

目前有些学校为学生配备了专职的心理咨询教师，如果学生有了心理健康问题，可以去找心理咨询教师去解决。然而教师作为教育学生的人，他们如果有了心理健康问题应该去找谁呢？研究表明，多数教师表示不会去找学校管理者加以解决，而更多是自己解决或寻求亲朋好友的帮助。事实上，优质的学校教育及管理应该为教师提供心理咨询服务，当教师出现情绪问题、人际关系问题或职业发展问题时，可以有一个专门为教师提供倾诉心声或疏导心理的地方。

四、以良好的师生沟通促进学生心理健康发展

如何引导学生拥有良好的心理健康状态呢？学生心理健康发展是其心理发展的核心内容，而学生良好的心理发展状态意味着其拥有良好的发展状态，也意味着学校教育的成功，因此教师要积极关心学生的心理健康状态，以良好的师生心理沟通促进学生发展。

在学校教育过程中，教师与学生的心理沟通有助于化解学生的心理问题，有助于促进学生心理健康发展，进而有助于提升学校教育教学实效和促进学校发展。

随着我国社会发展和教育改革的不断深入，学生的心理发展问题也出现了新的内容和表现，因此教师也需要不断改进教育教学理念和方法，建立积极的心理准备状态，以积极的师生沟通来化解教育学生过程中出现的一些矛盾，以积极的师生沟通来预防和化解可能出现的一些问题。

自我提升　**做人格统一的教育者**

何谓人格统一？所谓人格统一，简单地讲就是一个人头脑中所想的与所说的是一致的，所说的与所做的是一致的，即表里如一、言行一致。

　　本章之初已经介绍，世界卫生组织（WHO）对心理健康的界定中有一条就是"完整统一的人格"，这种界定似乎并没有充分考虑中国的传统文化特点。基于我国的传统文化，人与人交往时，往往掩饰或不太充分表达自我的想法，人际沟通往往不能从对方的话语中直接获取信息，而经常需要绕个弯儿来理解对方的意思。于是经常出现人格不统一的情况，使得人们之间相互交流沟通常常表现出表里不一、言行不一致。比如，教师们听了一位教师的课之后，觉得这节课上得很不好，存在很多不足甚至严重问题，但当被要求提出意见或建议时，却往往表示"这节课上得挺好的""课上得不错"，等等。事实上，人在沟通时，我们经常不愿意指出别人的缺点或不足，回避别人存在的问题，反过来，当我们有问题或缺点时，别人也可能不给我们指出来，因此这种人际交往的思维方式可能并不利于人们相互促进而获得发展。

　　这背后还有一个思维的问题或障碍，就是我们的传统思维方式中，往往把人与事混淆在一起，比如，评价一个教师的课没有上好，就可能被理解为评价他这个人不好，这就是把"这个人没有做好这件事"与"这是一个做不好事情的人"混淆在一起了。事实上，人与事应该区别对待，这才是客观地、发展地看待人。因此，如果人与人之间能形成一种表里如一、言行一致的沟通氛围，并且这是一种"对事不对人"的沟通文化，那么这不仅有助于提高人与人之间的沟通效率，更有助于促进人更好地发展。

　　现实中，在我们身边随处可见，人与人之间沟通往往比较"模糊"的现象，人们做事情往往不能够精确，人们时常说的一句话就是"差不多就行了"。甚至有些时候，人与人之间的沟通需要反向理解对方的意思。这种思维方式无形中增加了人际沟通的"成本负担"，人们常常需要绕过"现象"才能看"本质"，从而造成了精力和时间的浪费。

　　关于东西方思维方式的跨文化研究表明，以中国人与美国人来对比，中国人的思维方式被形象地比作"环形式"思维，考虑问题时经常关注"曲径通幽"，而美国人的思维方式被形象地比作"直线式"思维，考虑问题较为直截了当。从沟通如何获得实效的角度来看，我们也许可以学习一些直截了当的思维方式，这对提高人际沟通的效率是有帮助的。

在学校教育教学过程中，表里如一、言行一致的思维方式可以帮助教师与学生更好地沟通，更容易相互理解对方的意思，少一点儿"绕弯儿"的表达，多一些"直白"的沟通，教师与学生相互交流能更迅速、更清晰、准确地把握对方希望传递的信息，这对提高教育和管理效率具有积极意义。

因此，在教育教学及学生管理过程中，如果教师能够经常对学生敞开心扉，让学生能够更容易、更清晰、准确地明了教师的教育教学理念和方式，对待学生表里如一、言行一致，并在课堂教学或班级管理中形成表里如一、言行一致的文化氛围，那么教育教学效率将获得质的提升。这也正是本书将始终提倡的一种沟通理念。

当然，这种表里如一、言行一致的沟通理念和方式与我国传统文化中的沟通方式可能存在一些矛盾。虽然说传统文化中，人际交往"绕弯儿"式的客套似乎很有人情味，而且这种"绕弯"似乎与学校教育没有什么关系，但是，当这种思维方式迁移至教育教学活动中，模糊与含混的沟通很可能造成低效的教育教学，甚至导致不良的结果。比如，某地教育主管部门一位领导打电话通知一位校长："下周一教委领导要去你们学校检查工作，中午饭你们学校负责准备，简单准备一下就行了。"挂了电话，校长立即找来几位教师讨论"简单"是什么意思？讨论的结果是学校预订了五个饭店，从豪华大餐到真正简单的午餐，因为大家实在无法"破解"这个"简单"的内涵。这种低效的教育管理是不是与我们"绕弯儿"的思维方式有关系呢？

当前社会发展非常迅猛，我们正处在一个"精确制胜"的时代，我国传统文化也在不断获得更新与改进。在社会发展过程中，如果人与人之间相互沟通还是那么含含糊糊，人们还是那么不容易理解对方的真实意思，我们还是以一种"绕弯儿"的思维处理事物，那么我们的产品如何制造得精确呢？我们的行为如何能严格遵守规则，我们所处的社会如何紧跟上世界前进的脚步？我们如何能如温家宝总理所言，在建国一百周年时，我国将"基本实现现代化，实现中华民族的伟大复兴"呢？

拓展案例　积极沟通减轻压力

【案例3】积极沟通减轻压力

心理学工作者对接受相同医疗手术的患者进行了这样一个实验，患者分为两组，其中一组称为"有准备组"，即在手术前与他们进行积极的沟通，主要是向他们讲明手术操作的过程及一些可能出现的后果；而另一组称为"无准备组"，即针对这组患者不对手术操作过程及相关事项做特别介绍，患者对手术过程及后果一无所知。那么当患者手术完成之后，两组患者的痊愈情况会怎样呢？

实验结果发现，手术后"有准备组"的成员比"无准备组"的成员痊愈得更快，止痛药用得更少，而且平均提前三天出院。分析其原因发现，手术之前积极的沟通使"有准备组"成员对应对压力有了心理准备，这是减轻手术后痛苦或伤害的重要因素。积极的沟通使患者了解手术的操作过程，对手术结果有了心理准备，有助于患者正视手术带来的痛苦，视其为正常现象并坦然接受。而"无准备组"的患者由于之前缺乏积极沟通，对手术缺乏必要的心理准备，因此往往对手术过程及手术后的痛苦过分担忧，对手术是否成功持怀疑态度或感到焦虑，从而延长他们痊愈的时间。

教师从事的教育教学工作及其相关的事务性的工作往往比较繁杂，可能感受到较大的心理压力，因此教师要有积极的心理准备，以积极的、有准备的心态面对教育教学工作，面对学生的发展及问题。这种心态可以帮助教师更为理智地面对问题和解决问题，有助于减轻教师的工作心理压力。

正如前文所言，教师充分地了解学生是重要的教育基础，而充分地了解学生正是一种非常积极的心理准备，此所谓"磨刀不误砍柴工"。当教师对学生的心理特点及发展规律有着充分的了解时，当教师对班级学生的不同心理特点和发展状况有所了解时，一旦面对学生出现的问题，教师往往可以有的放矢、对症下药，及时予以解决。而如果教师不了解学生的心理特点和发展规律，那么面对学生的问题就可能变得茫然不知所措，盲目仓促地采取对策，往往难以获得良好的教育成效。

教师与学生缺乏沟通或沟通不畅，是教师难以真正了解学生心理问题的原因。教师不了解学生就难以正确地帮助解决学生的心理问题，甚至有可能加剧学生的心理问题。在本书第二章的案例4中，学生的发型出了"问题"，而教师与学生缺乏有效的沟通，进而缺乏相互理解，于是引发了学生自杀的极端行为。在第三章的案例6中，我们也可以看到，教师批评学生一句"你怎么没有父母教养"，于是学生跳楼自杀了，其原因除了与学生自身的心理健康问题有关之外，一个间接的但也非常重要的原因就在于那位教师在引导学生的过程中缺乏有效的沟通，不了解学生的家庭成长状况。试想如果那位教师在事发之前能通过积极地与学生沟通，了解到那位学生的特殊成长背景，即从小就没有父母亲，从小就是个孤儿，那么，在处理学生问题时，教师与学生沟通的方式就很可能会有所调整。如果教师能与学生进行积极的心理沟通，对学生的问题或错误进行疏导和解决，那么那位学生就很可能不会自杀了，其人生发展轨迹就可能发生转变。事实上，通过积极有效的沟通，诸如令人遗憾的学生自杀等一些严重的问题都是有可能避免的。

学校教育的核心目标之一就是促进学生发展，其中重要内容就是心理健康发展，因此教师为了促进学生发展，需要积极与学生沟通，这是促进学生发展的基本保障。教师以充分的沟通了解和化解学生的心理健康问题，就可能避免学生问题进一步严重或恶化。

第二章 师生沟通对学校教育的意义

——教育的本质就是心理沟通，对教师教育学生而言，其本质就是教师与学生的心理沟通，以有效的沟通促进学生健康发展。

目前沟通的价值越来受到重视，沟通已经成为组织文化的核心内容。教师是学校人力资源的核心，学生发展是学校教育的根本目标，教师与学生之间良好的沟通是学生获得良好的学业和身心发展的关键，也有助于教师自身获得良好的专业发展，有助于学校教育事业取得积极的成效。可以说，沟通对学校教育发展意义重大。

 不良沟通与发型管理的恶果

【案例4】"被批头发遮眉毛，13岁女生自杀"①

某中学13岁的初一女生，由于发型不符合学校短发令的要求，受到学校批评，学生三次理发都不合格，三次被请出校门之后，10月9日，该生在家中服毒自杀。死者家属认为学校管理方式粗暴，应为此事负责，在学校门口搭灵堂、挂横幅。截至14日，家属与学校仍未达成解决协议。

记者13日看到，校门口摆着花圈，搭着灵堂，不少家属聚集。该生的父亲认为，学校管理方式简单粗暴，对女儿的死有不可推卸的责任，必须要讨回公道。父亲告诉记者，女儿今年刚升入这所学校，9月份开学后，女儿因为发型不符合学校规定多次被老师批评，理由是"头发遮住了眉毛"。父母先后三次带女儿理发，但老师都说不合格。10月8日，女儿到校

---

① 摘自山东新闻网 http://sd.sdnews.com.cn/2010/10/11/957748.html

后又被政教处老师批评，说头发不合格。9日早上，父亲送女儿上学，在校门口给班主任老师打电话，老师电话中说到政教处看发型是否合格。该生不想去政教处，两人回到家后，父母外出办事，9点多回到家后，发现女儿已经喝下农药，当天经抢救无效死亡。

学校认为没有过错。该校校长告诉记者，学校对该同学的死亡感到痛心和遗憾，对家属十分同情，但家属的过激行为严重影响了学校教学秩序。校长说，该同学烫发拉直板，头发太过成人化，明显不符合国家颁布的《中学生日常行为规范》"穿戴整洁、朴素大方、不烫发"等要求。要求发型不符合规范的学生改正，是学校正常管理的一部分，该同学是家长领回家的，其自杀学校并没有过错，只能从人道关怀的角度进行适当抚慰。

此案例的悲剧是家庭教育的责任吗？是学校管理的责任吗？它是否可以避免呢？它与教师对学生教育引导又有着怎样的关联呢？

从师生沟通来看，也许教师只需要改进一下自己与学生之间的沟通方式，也许只需要教师调整一下说话的语气或语调，就可以有效地解决学生的发型问题，这种悲剧就有可能不会发生了。

 分析与讨论　**师生沟通的意义**

"发型事件"发生后，有的观点认为主要责任在学校和教师，也有的观点认为主要责任在家长，还有的观点认为双方都有责任。这里我无意去讨论这个学生的自杀到底是谁的责任，而是想转换个角度，从学校教育和管理沟通方式上来加以讨论。如果学校对学生的教育管理和沟通方式有所调整或改进，是否可以避免这个学生自杀呢？

我曾与一位教师聊天时，听到这位教师对这一事件的看法，他认为即使学校改变了管理方式，即使教师通过积极沟通来解决学生的问题，而这个学生的个性有严重的问题，她迟早也会自杀的。我不认同这位教师的说法，尽管这位教师似乎很认真地这样说，但我更希望那是一种对教育现实感到有些无奈的玩笑吧，因此，我没有直接反驳他的观点。我认为这种观点未免有些消极和宿命了，也有些偏激和武断了。站在人生发展的十字路口，向何处走，有时只是一念之差。我想更为合理的学校管理完全可以做到引导学生更好地发展，而不至于引发学生的自杀。退一万步讲，如果学校通过改进对学生的管理，教师通过改善与学生的沟通，而使这个学生多生存一天，那也是一种拯救。也许这个学生的自杀对社会可能不会有什么触动，但对一个家庭来说就是一场灾难。

我想这个学校的校长和教师有一个方面可以加以改进，即加强与学生的心理沟通。具体而言，学校管理者不应仅仅从自身的角度出发来制定校规，更不应该将学校管理者的个人喜好或观点强加给学生，而应通过鼓励学生积极参与，倾听学生的心声，表达学校的目的，这样制定的校规更容易被学生接受。

虽然，《中小学生日常行为规范》中规定了学生要"穿戴整洁、朴素大方，不烫发，不染发"，但对具体的发型并没有做出明确的界定。这正是学校教育需要因地制宜、灵活处理的方面。案例4中的女生"烫发拉直板，头发太过成人化"似乎与《中学生日常行为规范》没有严重的冲突，即使有严重的冲突，学校也不应以冲突的方式来解决学生的发型问题。从更为宏观的学校管理的角度来看，我们是不是应该反思学校的校规制定是否合理，校规制定的内容与程序是否合理，是不是应该反思针对全体中学生所制定的《中学生日常行为规范》制定得是否合理，比如，其中"不烫发"这类规定制定的内容和程序是否具有合理性，这种针对学生管理的规定的出台是否征求过作为当事人的学生的意见和建议，是否听取过学生的想法和心声。如果不是，那么这种以成人视角来看待儿童行为规范的管理方式及制度，就很可能蕴含着潜在的管理危机，蕴含着学生与学校管理之间的潜在的斗争，蕴含着学生与教师之间潜在的冲突。

因此，对学校而言，在制定关于发型之类的校规校纪时，如果事先与学生们沟通商量一下，征求一下学生们的建议和想法，并且学校管理者对学生们的观点予以关注和重视，那么，在此基础上制定出的校规就可能更容易被广大学生接受并遵守。如果在每年新生入校时，学校就把关于发型的校规告知或公示给学生，并允许学生在一段时间内提出异议，那么，学生就有可能更容易接受这一校规。

对于教师而言，如果当教师发现学生发型不合格时，能耐心地倾听学生的心声，了解其中的缘由，给学生话语权和表达不同想法的机会，那么学生的自杀是不是有可能避免呢？即使教师不赞同学生的想法，但是如果能以尊重和理解的方式与学生沟通，耐心引导学生适应和遵守学校的校规，那么学生是不是可能更容易接受学校的校规呢？

因此，制定校规的内容和程序上的不公正，比校规本身不公正更可怕。教师积极地与学生沟通就应是这一程序中的重要部分。

前文已经阐述过，学生的心理问题像一个炸弹，这个"炸弹"的主要制造者未必是学校和教师，而可能是家庭和社会等因素，但是学校和教师可不可以避免引爆这个"炸弹"呢？完全可以。有关案例4中的发型问题，也许那个学生的确存在一些心理问题的"炸弹"，但是，学校和教师完全可以通过积极的心理沟通做学生心理问题这个"炸弹"的"灭火人"，而不是做"引爆人"或"点火人"。

虽然沟通在当前学校教育中越发受到重视，但是在学校教育教学过程中，不少学校管理者仍然低估了师生沟通对促进学生发展的影响力。对教师而言，很难想象一位忽视与学生沟通的教师能管理好学生，能带好班级。如果教师忽视与学生的心理沟通，那么"无为而治"的情况是很难出现的。

学校发展需要学校管理者与教师的共同努力，师生沟通是形成教育合力的良好途径。具体来看，学校管理沟通的意义主要在于以下几个方面。

一、减少学生管理的模糊性，提高教育效能

在本书第一章已经指出，我们所处的社会是一个迅猛发展的社会，我们所处的时代是一个精确制胜的时代，在激烈的社会竞争中，谁更精确，谁就可能占得先机，管理领域也是如此。在学校管理过程中，教师与学生之间也需要这种精确的管理，教师需要把信息精确地传递给学生，学生需要精确地接受并理解信息，才能取得良好的教育效果。如果教师

与学生之间缺乏精确的沟通，相互沟通仍流于形式，而不是人与人的心灵沟通，那么教师对学生教育引导就可能难有成效，学校教育效率的低下是可想而知的。

积极的师生沟通有助于减少学生管理的模糊性，积极的师生沟通有助于教师与学生都清晰了解对方的观点和想法，积极的师生沟通有助于使教师与学生对教育教学问题的看法和理解达成一致或有所共识，以便更快、更好地做出相应的决策，以解决问题，促进学生更好地发展。

二、增进教师与学生之间的相互了解

沟通可以使教师有机会清晰地给学生们传达自己的教育理念和管理方式，让学生们看到教师是如何想的，如何做的。同时，沟通可以使教师有机会听到学生们是如何想的，学生们是如何看待教师的所思所想的。如果师生沟通过程中，教师与学生出现认知冲突，那么这对教师来说未必是一件坏事，也许还是一件好事，它有助于教师看清问题的矛盾之处，以便有针对性地解决好问题。在案例4中，当教师与学生对发型的认知产生冲突时，也许可以促使教师思考学生坚持自己的发型背后是否有追求自我或彰显个性等深层原因。如果这样，学生的发型问题就具有积极含义，而不完全是问题了。

三、提高学生的价值感，调动学生的积极性

学校管理重视教师与学生的心理沟通，教师关注自身与学生的心理沟通，这本身是对学生发展的重视，是把学生发展放在学校教育及班级管理中非常重要的位置上。基于此种管理理念，师生沟通会让学生体会到更充分的价值感，体会到更充分的尊重，有助于提高学生在学校及班级的主人翁地位，增强学生面对学业及学校活动的积极性和主动性，使学生感到自己对学校与班级发展是重要的，自己能够为学校发展和班级建设发挥重要的作用。

 应对策略 **教育的本质就是心理沟通**

面对学生发展及其可能出现的问题，教师需要注重与学生进行心理

沟通，这是学校教育的本质。

　　教育就是做人的心理工作，促进人的发展，其本质就是心理沟通。从管理学生的角度来看，教育就是教师与学生进行的心理沟通。教育学生就在于教师通过心理沟通，调动学生的积极性和发展动力，把学生的心气捋顺，把学生自我发展的目标引向当前社会教育所提倡的目标和方向上去。

　　很难想象，一个与学生缺乏心理沟通的教师能管理好班级和教育好学生。也很难想象，一个师生之间缺乏心理沟通的学校会获得良好发展。如果教师缺乏与学生的心理沟通，就难以实现学校教育最基本的发展目标。教师在教育教学与管理方面的失败或困惑，往往由于其与学生沟通存在问题。

　　因此，沟通是教育的基础，沟通有助于学生良好发展。组织管理学家巴纳德（Chester Barnard）曾指出："沟通是一个把组织的成员联系在一起，以实现共同目标的手段。"重视与学生沟通的教师能用心赢得学生们的齐心协力，努力实现班级或学校发展的目标。而忽视与学生沟通的教师就可能使学生们变得各自为政、各行其是，难以形成班级或集体的凝聚力，难以形成良好的班级和学校文化氛围。

　　对学校而言，强调教师与学生之间的心理沟通具有重要意义。教师职业本身就是一种培养人的工作，教师是培养人的人，其根本责任在于引导学生发展，因此用心理沟通的方式来教育学生，这本身就渗透着对人的尊重，渗透着人与人之间的相互尊重。以心理沟通的方式来教育和管理学生，这是对学生独立人格和人生价值的尊重，有助于激发学生学习与发展的内在动力，有助于学生学会尊重，学会以尊重的方式对待他人。

　　如果学校和教师以强压的方式来管理学生，以拒绝的态度与学生沟通，它可能一时解决学生的问题，促进了学生发展，但是从长远来看，它具有非常大的表面性和短暂性，甚至可能带来不良的、深远的"副作用"。学校教育实践表明，这种缺乏与学生沟通或拒绝与学生沟通的教育管理方式，有可能使得学生从此消极被动地面对学业和学校生活，甚至有可能导致学生在此后较长一段时间内，比如一年或两年后的某一天，突然爆发新的问题行为或冲突。在教师看来，这种问题行为或冲突似乎有些莫名其妙，但是它们很可能在此前教师拒绝或忽视与学生沟通的时候，就已经埋下了隐患的种子。

因此，如果教师缺乏与学生的心理沟通，不仅意味着教师学生教育与管理的低效，也意味着这种教育管理方式是对学生发展的抑制。对正处于需要不断发展中的学生而言，缺乏师生沟通的教育管理方式往往缺乏教育性和发展性，也有悖于现代教育管理的基本规律。

自我提升　沟通是"以人为本"的体现

当今社会各行各业的管理都强调"以人为本"的理念，学校教育领域也是如此。在我们进行的一项学校调研中，当问许多学校的管理者"您的学校管理理念是什么"时，几乎所有人的回答中都谈到了"以人为本"。但是当问及"您认为什么是以人为本"时，却得到各不相同的回答。可见，学校管理者对"以人为本"内涵的理解并不一致。

到底什么是以人为本呢？对于以人为本，往往可以从不同视角来理解它，校长可以是"本"，教师可以是"本"，学生也可以是"本"，家长还可以是"本"，但是到底谁是"本"？关键在于如何认识人，如何看待人的发展目标。

针对学生管理而言，以人为本至少有一个重要特征就是教师（教育者）重视与学生（受教育者）之间的沟通，通过沟通了解学生的发展状况，促进学生更好发展，这是以人为本的体现。针对教师管理而言，教师是学校发展的动力所在，学校的人力资源管理应以教师为本，校长及有关管理者应注重与教师之间的沟通，通过沟通了解教师的发展状况，促进教师获得专业发展，这也是以人为本的体现。

当前在管理领域中，越来越强调沟通的重要价值，但是沟通并不是从管理现象一开始就受到重视的。在 20 世纪之初，泰勒（Taylor）提出科学管理原理时，管理领域并不强调沟通的重要性。从 20 世纪 20 年代梅奥（George E. Mayo）在芝加哥西方电器公司进行著名的霍桑实验之后，人际关系理论产生，这成为管理心理学的一个里程碑（对于霍桑实验，将在本书第四章中详细介绍），此后，沟通在管理过程中的重要价值才开始逐渐受到关注。

直至今天，沟通的作用越来越受到管理者的重视。在学校教育管理过程中，沟通的重要性也越来越受到教育者和管理者的重视。沟通是"以人为本"的体现，这正是时代进步与社会发展的产物。

一、班级决策要与学生沟通

学生是班级的主人，有关班级决策的事宜要与"主人"商量讨论，尤其班级规定与策略的制定更有必要与学生沟通。

虽然班级发展策略和决策的最终制定者往往是教师，但是，教师要做到客观公正、一碗水端平，有时也不是一件容易的事情，因此班级决策的制定需要有学生的充分参与，需要与学生充分沟通。尤其是针对班级内部事物的决策，教师在拍板之前有必要与学生沟通，听取学生的想法，征求学生的意见，并把学生的想法和意见落实在班级管理策略和决策之中。如果教师在班级决策时忽视与学生沟通，或是在制定决策时"走过场"，那么这种学生管理就不是以人为本的管理。

比如，学生评价方案的制定就有必要与学生沟通。从发展性评价的角度来看，教师对学生的评价方案不仅是为了考查学生的表现，更是为了促进学生的发展，因此关于如何考评学生的问题，教师有必要与学生沟通，充分听取学生对评价标准、内容、方式的看法和建议。再比如，班级的财务支出要经常与学生沟通。如果学生对班级财务状况并不清楚，甚至一无所知，这如何让学生真正成为班级的主人呢？因此，教师应针对班级财务状况多与学生沟通，让学生了解班级的经费收支，并且请学生为经费使用出谋划策，这既能体现出教师对学生的充分信任，也是教师赢得学生信任的有力保障。

当然，班级建设与发展往往并不只是需要学生的参与，也往往需要家长、社区人士的广泛参与。有些时间，教师也需要就班级事务积极地与家长和社会人士进行沟通，争取教育合力，促进学生更好发展。

二、课堂教学要与学生沟通

在管理课堂教学事务时，教师需要把一些教学管理工作做在前头，针对与学生有关的课堂教学事务，积极地与学生进行沟通，让学生有机会充分表达自己的想法，也让学生及时了解教师的期待和愿望。教师在备课过程中"备学生"这一环节就体现出教师对学生的沟通准备情况，教师通过沟通充分地了解学生，这样更有利于教师与学生之间相互理解、达成共识、强化共同的教与学的目标。

教师不仅在教学之前有必要了解学生的学习状况，在教学过程中，教师也需要及时与学生交换意见，比如，教师想了解课堂教学进度是否与学生的学习接受情况相符，教师就需要及时与学生沟通，询问学生的学习特点及进展情况，了解学生对所教内容是否理解或掌握。如果教师不与学生沟通，等到学生的课堂学习出现了较大的问题时再去弥补，就可能需要花更多的时间和精力。

教师就有关课堂教学的事务与学生沟通，体现着教师对学生作为学习主体的重视和尊重，更意味着教师对课堂教学的管理是一种以人为本的管理。如果缺乏与学生的教学管理沟通，教师单方面地设计教学全过程，就可能会影响教师的教学工作取得实效。

拓展案例　　"精彩"的公开课之后

【案例5】"精彩"的公开课之后

有一次，我在一所小学听公开课。讲课教师的教学功底非常好，教学方法也非常得当，课讲得生动精彩。下课之后，听课的人们陆续离开教室。我整理听课记录，也正准备离开时，看见有个小学生兴致勃勃地跑到讲台前，声音有些急切地问教师："老师，老师，我想问您一个问题。"这时，我惊讶地看到这位讲课的教师只是看了一眼学生，没有回答学生的提问，就在学生脑袋上推了一把，不耐烦地对学生说："一边儿去，别来烦我"。这与公开课上师生互动，教师与学生有问有答，很耐心地解答学生提出的每一个问题形成了鲜明对比。

就在教师把学生推向一边的时候，这位教师看见了我，他可能以为听课的人们都离开了教室。这位教师的表情有些不好意思，似乎意识到刚才对待学生的方式有些不妥。于是，我主动上前打招呼，与教师聊起来。

这位教师告诉我，刚开始当老师的时候，充满工作热情。每当看见身边的小学生，心底总是充满喜爱之情。但是，几年教育教学生涯过去了，不知不觉就开始厌倦教学，厌烦学生，不想与学生多说一句话、多待一分钟，上公开课只是为了完成学校的任务。

教师与学生之间的沟通对完成教育教学任务，对实现学生的良好发展都具有重要意义，但是，案例5中，教师在公开课上能够积极与学生沟通，而在公开课后却缺乏与学生的沟通，这反映出教师与学生之间缺乏实质意义上的沟通，应该说这种情况在许多学校并不少见。

从沟通本身来看，目前有些教师仍然存在教育沟通观念陈旧、教育沟通方式单一等问题，忽视以沟通来解决学生的问题，忽视师生沟通对促进学生良好发展的作用，进而使得一些教师面对新的教育教学问题常常感到无所适从。

从案例5中可以发现，制约教师与学生心理沟通的一个重要原因就是教师的内在动力不足。事实上，当前教师发展的被动性和教师发展动力上的迷失往往导致师生缺乏沟通，也导致教师发展出现问题，解决之道在于提升教师发展的内在动力。

师生沟通是一种复杂又富于创新的教育活动，它需要教师拥有充分的内在动力。只有教师的教育教学工作具有良好的内在动力，教师才可能积极主动地实施教育教学活动，才有有效的师生沟通可言。教师缺乏内在动力，不仅不利于实现有效的师生沟通，也不利于学校教育取得实效。

从教师自身发展来看，教师与学生的沟通理念与沟通方式亟待改进。教师需要充分认识到沟通对实现学校教育目标的重要意义，需要提升从事教育教学工作的内在动力，积极与学生进行沟通，以取得良好的教育教学效率。比如，就课堂教学活动而言，在教学活动之前，教师除了要明确教学目标、设计教学计划和教学方法之外，还要积极与学生沟通，了解学生的特点，做好教学准备工作；在教学活动之中，教师对教学方法与过程积极地做出判断和调控，课堂上与学生进行充分地讨论，以有效沟通来解决课堂中的问题；在教学活动之后，教师对教学结果进行自我评价和反思，与学生沟通以获得反馈和建议，对存在的教学不足进行改进。

然而，目前中小学教师整体发展的心理状态并不令人乐观，许多教师表现出消极被动的职业特征，教师缺乏工作动力、职业倦怠、工作压力过大等问题较为突出，许多教师对教育教学工作感到疲惫和倦怠，缺乏积极主动的精神，许多教师的教育教学情绪低落，专业发展表现出被动性，自主发展的需要和动力有所缺失。甚至，有些教师仅仅把自身职业作为一种谋生的手段，而不是为之奋斗的事业，有些教师表现出较为严重的职业倦怠，以非常冷漠、消极的教育教学心态面对学生。因此，有效的师生沟通也就无从谈起。

从学校对教师的管理来看，在学校教师访谈过程中，可以明显感受到不当的教师管理也使一些中小学教师产生消极被动的职业心态、教育教学缺乏目标意识、教学动力不足等问题。比如，一位中学教师这样解释："关键在于工作得不到快乐，上课没有动力。现在虽说搞素质教育，但实际上还是'应试教育'。每天教学围绕的就是考试，搞得教师非常被动，压力太大，许多老师都有心理问题。"还有一位小学教师感叹道："有一次教委让全校老师通过电脑回答一个教委对学校管理的调查问卷，而学校领导事先开会对全校教师们提出要求，必须回答最好的答案。老师根本没有权利选择如何回答，被人呼来唤去，能不影响教育教学工作吗？"

的确，目前一些学校的教师管理显得过于死板，过分规定整齐划一，比如，规定教师的教案格式要一致，教学进度要一致，教学方法要一致，课堂桌椅摆放要一致，等等。教师在肩负繁杂教学任务的同时，却往往缺乏自主地选择教学方法和材料等自主权。这在客观上削弱或抑制了教师的工作动力，更成为限制有效师生沟通的障碍。

在教师访谈调研中，我们发现许多教师在工作之初往往对教育教学充满热情和动力，但是过了几年之后就开始"变得麻木了"。因此，教师工作的动力缺失，这有教师自身的原因，也与学校管理密切相关，尤其一些学校过于形式化和简单化的教师管理方式严重制约着教师的工作动力，阻碍着教师与学生沟通的意愿和动力。

当前基础教育改革对教师提出新的要求，为了促进学生更好地发展，教师要成为学生学习的辅助者、支持者和沟通者，教师的职责不仅是向学生传递知识，更重要的是帮助学生学会学习，学会批判地思考和解决问题，因此教师要不断提高自身素质以适应学校教育改革与发展的需求，尤其在学生发展越来越趋于多样化和个性化的背景下，教师更要激发和运用自己的潜能和智慧，充分与学生进行沟通，准确分析判断和把握学生的认知、情感、道德及个性特点，以发展的、个性的、系统的眼光看待学生及其成长中的各种问题，与学生建立有助于学生发展、符合教育和社会发展要求的、平等民主和谐的师生沟通模式。这些都对教师的教育教学素养提出了更高的要求。

当前学校教育呼唤教师的创新，教师对学生的认识与态度需要创新，引导学生学会解决问题的教学技能需要创新，教师与学生的沟通的理念与方法也需要创新。随着学生不断发展，教师曾经使用过的有效师生沟通理念与方式，可能并不适用于现在的问题情境，并且，对有些学生适用的有效沟通模式，也可能并不适合于另一些学生。这就需要教师根据学生的特点及时做出调整，积极认识和采纳不断更新的教育教学理念和观点，充分尊重和理解学生的个性差异，运用适合的教育教学方式，对学生因材施教。

学校教育的目的在于培养有良好素质、符合社会发展需要的人才。从根本上讲，有效的师生沟通与学生发展密切相关。令人欣慰的是，师生沟通在学校教育及学生管理领域越来越受到重视，教师与学生之间的心理沟通已经成为促进学生发展和学校改进不可或缺的战略内容。教师作为学校教育的实施者，其教育目标需要通过学生良好发展来实现，因此教师要关注学生的发展，要为学生发展着想，以学生发展来推动学校教育发展，这不可避免地要通过教师与学生之间的有效沟通来实现。

第二部分　什么是有效的师生沟通

DIER BU FEN　SHENME SHI YOUXIAO DE SHISHENG GOUTONG

第三章　什么是有效的沟通

——有效的师生沟通是教师与学生之间充分的信息传递与反馈，这需要教师充分地倾听、充分地观察、充分地表达。

 问题或案例　学生跳楼只因教师一句批评吗？

教师与学生的沟通如何能成为有效沟通，一个重要的指标就是教师与学生双方对沟通过程中所传递的信息理解一致而没有歧义，简单地讲，就是学生准确认识和理解教师所传达的信息，学生把自己的认识与理解的准确性清晰地反馈给教师，教师对此有所了解。除此之外，在有效沟通过程中，教师向学生所传递的信息还应有助于学生做出决策，有助于学生行为改善，有助于学生获得发展。

【案例6】学生跳楼只因教师一句批评吗？

有一位初二学生，因为犯错误受到班主任教师的批评，于是这个学生跳楼自杀了，教师自己都想不清楚为什么会这样，自己仅仅批评这个学生一句话："你怎么没有父母教养！"然而学生听了这句话之后，就从教学楼的三楼跳了下去，自杀了。

这位教师刚大学毕业不久，来到学校当教师仅一年，也当了一年班主任，就遇到如此令人难以置信的事情，让他不知所措，他也想不明白为什么会这样。他表示自己除了批评了那句"很普通"的话之外，没有多批评这个学生一句话，而且批评学生的态度并不严厉。在场的其他学生也能证实教师的说法。那么，这个学生为什么选择如此过激的行为呢？

原因其实并不复杂，就是这个学生的确不同于其他学生，他从小就没有父母亲，又有着较为坎坷的童年成长经历。班主任教师的这句看似并不严厉的话语却对这个学生的心理产生了巨大的冲击，引发任何人都不愿意看到的悲剧。换句话说，班主任教师也许对其他学生说这句话，都可能不会引起这种严重后果，但是唯独不能用这句话批评这个学生。

那么，学生跳楼的悲剧是教师导致的吗？教师对此是否负有责任？如果有责任，那么教师应负什么样的责任呢？

 分析与讨论 **沟通及其有效性**

一、沟通的含义

沟通的基本含义是，在特定情境或环境中，两个或两个以上的人利用言语的、非言语的方式进行协商谈判，以达到一致的观点、意见或共识的过程。简单地讲，就是人与人之间通过语言、书信、信号、电讯等方式传达想法、意见或交换信息的过程。

1. 沟通的基本要素

从信息加工的角度来看，一个完整的沟通过程包括一些基本要素。

（1）沟通的内容：沟通双方彼此所要传达或讨论的内容，比如，事件、思想、意见等。

（2）信息发出者：指沟通的主动方。师生沟通中，教师作为教育者，往往是沟通的发起者，是沟通的主动方。

（3）信息本身：是一种有特定意义的符号，比如文字、声音、图片等。

（4）信息传递的途径：指信息沟通的方式或渠道，比如，言语表达、听觉、视觉等感官通路。

（5）信息接收者：指接受信息来源的人。师生沟通中，学生作为受教育者，往往是信息的接受者。

（6）反馈：指沟通双方彼此间的回应。比如，积极反馈，即理解或接受对方的信息；或者消极反馈，即不理解或不接受对方的信息。

2. 沟通的基本过程

沟通是一个信息传送与反馈的过程，它的基本过程如下图所示。在教育教学情境中，教师与学生之间的沟通过程，往往是教师作为信息的发送者，学生作为信息的接受者，学生把接受信息的情况反馈给教师，教师对信息传递的情况加以评估，这就实现一次沟通过程。当前，学校强调教师与学生之间建立民主、平等、和谐的师生关系，因此，学生越来越多地成为了师生沟通的发起人，成长信息传递的发送者。

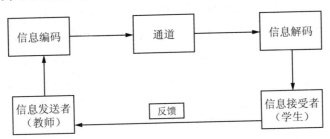

图2　沟通的信息传递基本过程图

然而，当前许多师生沟通的问题，并不在于教师向学生发送的信息少，而在于学生向教师反馈的信息少。一种情况是，教师作为沟通的控制者，忽视学生对信息做出反馈，比如，开班会时，教师把事情或要求讲完就结束了，并不倾听学生的反馈；另一种情况是，教师向学生传递信息时的态度或方式使得学生不愿意做出反馈，比如，教师过于武断或权威，使得学生关闭了沟通之门；还有一种情况是，学生对教师做出了反馈，但是得不到教师的及时反馈，因此沟通之路也会被切断，比如，教师设立班级意见箱，告知学生可以提出任何意见，但是，学生所提出的"意见"却没有任何回信，而且学生所提出的问题现状依旧，于是，学生很容易认为教师并不在乎学生们向意见箱投了什么意见，就很难再次与教师沟通了，而且可能从此再也不相信"意见箱"之类的东西。

二、什么是有效的沟通

有效沟通的过程是信息源（信息发送者）与信息接受者之间真实、

客观地传递和理解信息的过程，也就是说，信息发送者所传递的信息与接受者所理解的信息的真正含义是一致的。

在案例6中，教师与学生之间的沟通应该是比较失败的、低效的。之所以不能称其为有效的沟通，一个重要原因在于教师与学生对"你怎么没有父母教养"这句话的含义进行不同的"编码"和"解码"，对信息的理解不一致，存在非常大的偏差。教师认为这句话"很普通"，而学生认为这句话非常不普通，因为它深深触动并刺伤了这个从小就失去父母亲的学生的心灵。再加上，信息接受者（学生）对信息发送者（教师）缺乏反馈环节，即学生向教师解释一下问题的原因，这种沟通的误解就难以避免了。试想如果学生告诉教师自己的家庭成长情况，对教师的批评话语表达出不同的看法，或对教师这种批评方式予以反驳，那么教师也许能理解学生的心情，从而调整对这个学生的说话方式，学生的自杀就可以避免了。但是，也许因为学生很内向，不善于解释，也许因为教师平常对学生管理就不允许或忽视了学生的解释，反馈这一环节有所缺失，悲剧最终酿成。

可见那位教师与学生的沟通不是有效的沟通，因为他没有充分发挥有效沟通的作用。对于教师发起的师生沟通而言，有效沟通往往发挥如下四方面的作用：

1. 提供决策所需要的信息

教师通过与学生的沟通，要为学生提供有助于完成学业、促进发展的信息，提供能帮助学生更好地做出相应的决策、解决相应的问题的信息。

2. 提供表达情绪、情感的机会

在教师与学生的沟通过程中，教师就需要为学生提供情感、情绪表达或释放的途径或机会。在一些情况下，学生找教师沟通的目的，仅仅是表达压抑的内心、倾诉消极的情绪，或者发发牢骚而已。

3. 激发学生的学习动力

教师通过与学生的沟通，引导学生以积极的心态面对学业活动及学校事务，提高学生的学业兴趣和信心，激发学生的学业动机和活力。

4. 调控学生的行为与习惯

教师通过与学生的沟通，支持和鼓励学生调控好自身的行为与习惯，比如，在教师积极引导和鼓励之下，学生坚持每天早起跑步，养成锻炼身体的好习惯。

三、教师要充分发挥沟通的作用

案例 6 中，学生跳楼的悲剧应该说并不是那位教师直接导致的，但那位教师是否有责任呢？

我们经常把学生的问题，尤其是心理问题比作一枚"炸弹"，那么这枚"炸弹"的制造者是谁呢？是学生自己吗？肯定不是。那么教师是制造者吗？我想未必如此。事实上，学生成长的家庭和社会其他因素对制造这枚"炸弹"往往起着关键的作用。特别地，许多学生的心理问题与其家庭教养方式及早期成长经历有着密切的关系。正如案例 6，不能不说这个学生的心理问题很可能与他早年的生活背景有着密切的关系。

当然，这并不是说教师与学生心理问题没有任何关系，案例 6 中的学生毕竟是在教师批评之后自杀的，那么教师充当了什么角色呢？在许多情况下，尤其是在处理学生的心理问题时，教师虽然不是学生心理问题这枚"炸弹"的制造者，但是许多教师往往充当了"点火人"的角色，点燃了学生的"炸弹"，结果学生往往被"炸"伤了，教师也往往被"炸"得灰头土脸，学生与教师都可能成为被伤害的对象。因此，当面对学生的问题时，教师不应为学生的早期不良家庭教养方式或特殊经历给学生发展带来的不良后果"埋单"。我们提倡教师要做学生问题的"灭火人"，而不要做学生问题的"点火人"。

学生的问题"炸弹"既然不是教师制造的，那么教师就不必为"炸弹"制造负责。教师只要不引爆学生的问题"炸弹"，学生和教师就都不会受伤害。如果教师重在疏导和正面教育，重在理性和心态平和，对学生加以积极引导，那么教师一定能取得良好的教育效果。如果教师能适时、适度地与学生进行心理沟通，拆除学生的问题"炸弹"，那么教师就出色地完成了一次对学生的心理咨询与辅导工作。

　　案例 6 中的那位教师应为事件的后果负有缺乏沟通的责任。这位教师应思考的问题在于他已经当了一年班主任，却不了解班级中的这位学生是个孤儿，从小就没有父母亲，不了解这位学生的心理状态存在潜在的危机。如果在事发之前，教师与学生之间进行有效的沟通，教师对学生的情况有所了解，那么教师处理学生问题时就很可能不会用"你怎么没有父母教养"来批评学生，学生的自杀是有可能避免的。

　　因此，教师批评教育学生，一定要了解自己所教的学生。教师即使要惩罚学生，也一定要了解学生的特点。如果教师在对学生的身心状态和个性特点缺乏了解的情况下惩罚学生，即使教师出于再大的"爱心"，其教育方式也可能会冒很大的风险，可能导致不良的教育后果。比如，有的学生自尊心很强，教师较轻的批评惩戒就可以使其改正错误行为，如果教师不了解学生的这一特点，对学生施以较重的批评惩戒，结果就有可能适得其反，引发学生过激的行为，损害学生的良好发展。

　　简单地讲，教师与学生充分地沟通，有助于教师站在学生的视角来看待学生，理解学生，或者说是换位思考。正如人本主义心理学家卡尔·罗杰斯所指出的那样："理解是指体验别人内心世界的能力，理解他人的内心世界犹如自己的内心世界一般。"做到这一点并不是一件容易的事情，对教师而言，要积极通过与学生的心理沟通，充分地了解学生的发展特点，尝试换位思考，体验学生的体验，感受学生的感受。只有这样，教师才能深入准确地理解学生，理解学生才能更好地改变学生，促进学生发展。尤其当教师面对学生的问题，要充分理解学生，感受到教师的理解，学生才能发自内心地接受教师的教育和引导。

 应对策略 传递充分的信息

一、打破传统的沟通理论与方式

　　请看图 3 中的三只猴子，一只捂着耳朵不听，一只捂着眼睛不看，一只捂着嘴巴不说，有人称此为所谓的"非礼勿听，非礼勿视，非礼勿言"。这句《论语》中的名言本意应该是指无礼之事不可为，即使像听、看、说这样的细节也要自我约束，才能达到良好的个人修养。

图3　非礼勿听，非礼勿视，非礼勿言

然而，仅从这幅有趣的图片来看，它似乎正好体现出我国传统文化对人际沟通的理解，我国传统文化对人与人之间的沟通强调意会和感悟，强调少听、少看、少说，正如，俗话所言"言多必失""喜怒不形于色""大恩不言谢"，等等。在这种传统文化背景下，人们经常表现得出言谨慎，三思而后行。

现代文化对人际沟通的理解有所不同，更提倡充分地听、充分地看、充分地说，强调人与人之间充分的信息传递和积极反馈。在当前学校教育中，教师与学生的沟通也具有现代社会文化的特征，不能仅靠意会和感悟。教师教育引导学生需要打破这种"少听、少看、少说"的传统沟通方式。在教师与学生沟通时，教师需要把自己的教育理念和方式清晰地传递给学生，以取得学生积极的理解和配合。教师如果不充分表达自己的真实或深层的看法和观点，不清晰表达自己内心的想法，那么，师生沟通势必受到影响。如果学生不了解教师教育教学及管理的理念和方法，就难以有效予以反馈，积极予以配合。教育实践中，这种"少听、少看、少说"的传统人际沟通理念也时常阻碍现代文化背景下的师生沟通，这可能导致教师与学生之间沟通的低效，导致教师的教育教学工作的低效。

现代社会越来越强调开放而不是封闭，社会文化对人际沟通的内涵有了许多新的认识与理解，越来越强调人际沟通要简单明了，沟通要"表里如一""言行一致"，沟通要"表达内心真实的感受"，等等。试想一位四五十岁的教师，他是否对自己的父母当面说过"我爱你"这句话呢？可能绝大多数教师没有说过这样的话语，甚至很多人对自己的父母连"谢谢"都没有说过，因为这个年龄的人与自己父母的沟通往往是通过"意会"的方式来实现的，对自己父母的爱往往是通过间接含蓄的方式，而不是直抒胸臆地表达出来。但是，我们看一看现在的小孩子们，看一看教师每天面对的学生们，我们一定可以发现越来越多的人很习惯、很自然地对自己的父母说出"我爱你"。

因此，对于教师来说，与学生的沟通方式也需要不断改进，在与学生沟通时，不妨多听听学生们的心声，多看看学生们的行为，多说说自己的想法，而不是"深藏不露"，这也是一种"与时俱进"吧。

二、有效沟通"三字经"：听、看、说

> ➤ 充分地听：教师要充分地听取学生的想法、建议和意见；
> ➤ 充分地看：教师要充分地观察学生的行为表现；
> ➤ 充分地说：教师要充分地向学生传达自己的教育教学理念和想法。

1. 充分地听

学生良好发展是学校教育的根本目标，教师作为学生发展的教育者和引导者，为了实施有效的教育教学，有必要充分地听取学生的想法、建议和意见，尤其与班级建设或学校发展关系密切的事情或问题，更要给学生充分的话语权，要充分地听学生说，这是教师与学生有效沟通的前提，也是有效教育的前提。教师要想教育好学生，首先要充分地了解学生，倾听是了解学生的良好途径。

2. 充分地看

所谓"听其言，观其行"，教师不仅要充分地听学生说，也要在此基础上，充分地观察学生在学校的各种教育教学活动中的行为表现，如果有机会也应充分了解学生在家庭中的行为表现。比如，教师可以通过家访，与家长沟通，观察学生在家庭中的行为表现，了解一下学生的家庭教养结构与方式。"充分地看"也是教师了解学生的状况和获取有关学生发展信息的重要途径。

3. 充分地说

教师不仅要充分听取学生的想法和观点，观察学生的行为表现，与学生的有效沟通也需要教师充分地向学生传达自己的教育教学理念与方式，告诉学生自己的想法，这样的沟通才是一种"有来有往"的沟通，教师既获得学生的信息，又向学生传递有关教育与管理的信息。教师需要让学生了解自己如何实施教育的所思所想，而不是"深藏不露"，这样学生才能更好地了解和理解教师的教育教学目标及实现方式，从而配合教师的教育教学工作，而不必对教师的意思左右揣测，不知所措。

以上强调了在有效的师生沟通中，教师要充分地"听、看、说"，但是，何谓"充分"呢？所谓"充分"，就是教师获取的学生信息要足够做出合理的教育判断和决策，就是教师要多渠道、多视角、多方法地了解学生，不仅了解学生的课堂表现，也要了解学生的课外表现；不仅了解学生的品德与行为特点，也要了解学生的个性特征；不仅通过学生本人了解学生，也要通过其他人（如家长、教师和学生）了解学生。具体而言，如果教师不充分了解学生的特点和情况，将增加教育教学及学生管理的盲目性和风险性，甚至可能导致教育教学及管理的失误和失败。

可以说，充分地了解学生是教育好学生的前提。教师充分地了解学生，才能恰当地选择使用有效的教育教学方式与措施。对于学生的教育要因材施教，教育方法也要因人而异。很难想象，不了解学生的教师能教育好学生，不了解学生的教师能成为好教师。

对于案例6来说，如果教师能充分了解学生的家庭成长背景、学生从小就是孤儿这一情况，了解那个学生的个性心理和行为特点，并稍微加以沟通引导，那么，那个学生就很可能不会选择跳楼自杀这种极端的方式了，教师自己也不至于陷入非常被动的尴尬境地。

排除影响教师与学生的沟通障碍

一、排除管理的主观性

人们在面临一些情境，分析和处理一些任务或问题时，常常会不同程度地表现出主观色彩。下面是一个心理小测试 A："快速完成下列任务"，也许可以让我们体验一下人的主观性的存在。

心理小测试 A　快速完成下列任务

下面的各项任务之间可能并没有什么逻辑关系，为了实现测试目的，请尽可能快速完成，认真按照题目的要求去做。看看你能完成多少，是否可以在规定的时间内完成。

时间限制：60 秒。请自己计时，然后开始完成下面的各项任务。

1. 请找一张纸，在纸的中间上部写"教师与学生的心理沟通"。
2. 请认真通读下面的各项任务。
3. 在纸的右上角写出自己的姓名。
4. 在你的姓名下面写出自己学校的详细名称。
5. 看一看现在是几点钟，并把时间写在校名下面。
6. 在校名下面写："我很好，我很棒，我的未来会更棒。"
7. 对自己说一句："我是最棒的！"
8. 回忆你小时候的一件愉快的事情，写出来。
9. 写一件对你现在事业和生活的影响较大的童年往事。
10. 在纸上写出你珍视的教育理念。
11. 闭上眼睛，做三次深呼吸。
12. 你把"人生"比喻成什么，请写出来。
13. 你把你的学校比喻成什么，请写出来。
14. 同时，想一件你工作中愉快的事情，写在纸上。
15. 读到此，你只需完成前两条任务，然后做如下事情即可。
16. 自信地对自己大声说："我能成功！"

60秒如此短暂的时间，你是否完成了以上这些任务？你认为60秒的时间内是否可以完成以上这些任务？

如果没有完成，为什么？也许你会说："时间不够，不可能完成"，那么请看本书最后附的参考答案。然后思考下面的问题：

关于心理小测试A的思考：

做完这个小测试之后，你的感受是什么？

如果你逐条完成任务，或者没有完成任务，你的感受什么？

你可能会有一种"上当"的感觉，那么谁"欺骗"了你？

你有何启示？对你的学校教育教学工作有何启示？对你与学生的沟通有何启示？

二、排除与学生有效沟通的障碍

在教育教学过程中，教师需要积极地向学生传递各种教育教学信息，同时，教师也需要充分地从学生那里获得反馈信息，这就需要有效的师生沟通。从信息传递的角度来看，教师与学生之间的沟通往往是相互传递信息与理解信息的过程。这种师生沟通过程有时候并不那么通畅，它的有效性往往受到一些障碍的影响。教师作为师生沟通的信息发出者和沟通过程的引导者，更需要充分认识和排除这些障碍，以实现与学生之间的有效沟通。

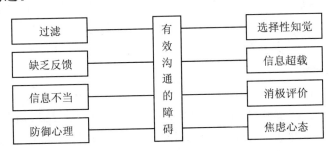

图4 阻碍有效沟通的八个障碍

1. 过滤

过滤是人们在沟通过程中过于主观的表现，即人在传递或接收信息时，忽视客观事实的表现，而忽略或遗漏了一些重要的信息。上面的心理小测试 A 中，有人可能对第 2 条中的"通读"两个字视而不见，这就是一种对信息的过滤。比如，在案例 6 中，教师批评学生时，就"过滤"了学生的重要信息，而对教育情境做出不恰当的判断，对教育方法做出错误的选择。

2. 选择性知觉

人们认识事物总是有主观性，总是掺杂着人们过去的经验和认识，或者说过去的经验和认识在一定程度上可能干扰人们对当前事物的客观认识和准确理解。而且人们总是习惯或倾向于根据自身的喜好对信息加以选择和取舍。上面的心理小测试 A，也反映出人们获取信息的主观性。在师生沟通中，有的教师会对不同的学生有喜爱或排斥的倾向，就是"选择性知觉"的表现。

3. 缺乏反馈

缺乏反馈的沟通往往是一种单向的沟通，信息仅由发送者传向信息接收者，而缺少信息接收者的反馈，这种单向的沟通往往是一种低效的沟通。比如，有一位新入职的年轻教师，对学校工作充满热情。他看到学校发展存在的一些问题，就写了数千字的学校发展建议书呈送给校长，但是一个学期过去了，迟迟不见校长的回音，这位教师感到很失望，于是对有关学校发展的事情不再关心。这是缺乏反馈而导致的消极强化作用，师生沟通也有类似的表现。

4. 信息超载

从信息接收的角度来看，一个简单的信息不必多次重复，一个复杂的信息也不必多次简单重复，过多重复就是一种"超载"，超载就可能不会引起人们更多的重视，反而可能因为重复过于频繁而降低信息的重要性，降低人们对信息的重视程度，甚至让人视而不见。比如，有位高中生告诉我，每次班级开会，教师总是滔滔不绝地向学生强调自己为了班级付出了多少努力，学生觉得耳朵已经起茧子了，学生们听多了，就没有几个人认真听了，这就是信息超载。

5. 信息不当

人际沟通时相互传递的信息要适合沟通情境和沟通者的特点。教师与学生沟通时能够想学生所想，理解学生的期待，向学生传递适应学生发展的、恰当的信息，是有效沟通的重要保障。比如，在案例6中，那位教师用"你怎么没有父母教养"这样的话语来批评学生，这一信息就不适合那位学生，这令学生难以接受。

6. 消极评价

人际沟通中的消极评价往往造成沟通的障碍。有的教师习惯于消极评价学生的不足或问题，而缺乏对学生积极或进步表现的关注。教师发现学生的错误或问题的本意往往是希望学生加以改正，更好地成长，但是对学生过多的消极评价往往会造成师生沟通的障碍，结果事与愿违。在与学生的沟通过程中，教师应更多地采用积极评价，罗森塔尔效应（期待效应）就会发生在学生的身上。

7. 防御心理

当人与人之间心存防御时，就不利于信息的传递和相互理解。当学生对教师心存防御时，也不利于沟通，沟通的有效性就会打折扣。教师不妨回顾或观察一下，在学校召开教师大会时，教师们进入会场就座时，会选择坐在哪里？是选择靠近讲台的位置，还是远离讲台的位置。事实上，多数教师都会选择远离讲台的位置就座，如果真的是这样，这可能就是教师的防御心理在起作用。如果学生对教师的防御心理过强，那么学生对教师可能敬而远之，这也可能反映出学生对教师缺乏足够的信任。当然，反过来，如果教师对学生心存防御，与学生的有效沟通就可能存在更大的阻碍。

8. 焦虑心态

焦虑的心态常常干扰人们专注于人与人之间的沟通。有的学生在与教师沟通时可能会不自觉地感到很焦虑或紧张，这种焦虑或紧张就会成为沟通的障碍。比如，教师请某位学生来自己的办公室，在与学生谈话时，教师发现学生的情绪很紧张，心态很焦虑。此时教师最好不要急于与学生讨论有关事宜，而是应该设法让学生的心态放松下来，再与学生进行沟通。否则，即使完成了沟通，但当学生离开教师办公室时，可能会记不起刚才与教师谈了些什么。这种沟通自然不会是有效的沟通。

 拓展案例 ## 沟通改变学生的发型

【案例7】沟通改变学生的发型

有一位高中教师通过积极地与学生沟通，有效地引导学生改变发型，下面是这位教师的叙述：

每天，在学校门口都会有学校教育处的干事查看学生的校服穿着情况，包括学生的发型。但有些学生就是不穿校服或就是留着学校不允许的发型。即使学校对他（她）进行惩罚，（他）她也依然如故。为躲避学校的检查，每天早上都有很多学生想尽各种办法偷偷溜进校园。真是现实版的"猫和老鼠"。在这里家长的呵斥、班主任教师的惩戒都显得那么苍白无力。

有一天，我在学校门口遇到一位家长带着他的孩子。闲谈中我们聊到了孩子的发型，这位父亲说这孩子就是倔，不管怎么批评，孩子就是不按学校要求剪短发。我观察了这个学生的发型，是时下比较流行的哈韩发型。孩子当时没说什么，只是瞥了父亲一眼。

我笑了笑说："你的发型很时尚。"他也笑了笑。我问道："那你一定有坚持留这个发型的理由吧？能说来听听吗？"他答道："这样很个性。""那你怎么理解个性呢？"我问。他沉默了，没作答。我接着说："是让同学感到你的与众不同吗？还是通过发型的改变来让大家记住你呢？那么，发型的改变能让大家记住你多久呢？怎样的个性展现才能让大家永远记住你呢？是专业的高水平文化知识的彰显还是其他呢？如果你认为是独特的发型的话，你可以继续保持这种发型。如果不是的话，那就没有必要继续保持这种发型了。"等我说完他没说什么。接着我们又谈了一些其他的话题。

几天后的一天下午，在校园里我碰到了这个学生。他很远就和我打招呼，抬头看到他时，我差点没认出他来——头发理短了，很精神很阳光的感觉。他跑到我跟前，冲我笑着指指自己的发型。我也微笑地说："这个发型很阳光。"

在这之后我不断地思考，每天校门前还在上演着教师与学生的"猫和老鼠"的游戏。这位男孩子已经摆脱这种游戏了，可在学校生活的其他方面，又有多少这种游戏在上演呢？在这富于变化和选择的社会里，是学生不可教了，还是我们的方法不适宜呢？是学生接受的价值观教育太少，还是我们对学生的价值选择的方法和能力的培养不够呢？

看了案例 7 之后，让我们想一想，有些学生为什么不听教师和家长的劝告呢？换个角度来看问题，这些学生留着自认为好看的发型也许正说明了他们的价值观，教师与家长经常把自己的价值观"强加"于学生，而缺乏沟通，缺乏对学生的心声的倾听，也就难以真正了解这些学生总是"留着成年人不喜欢"的发型的原因了。

可见，积极沟通，倾听学生的心声是非常重要的，即使教师不同意或反对学生的一些行为或做法，但是，教师也有必要给学生机会谈一谈自己的理由。当然，教师在倾听学生的过程中，也需要向学生传递平等、尊重等积极信息，减少教师自身过于主观的判断和消极评价，降低学生对教师的防御性，增加学生对教师的信任感，这才是一种有效的师生心理沟通。

第四章 沟通的心理学基础

——随着人际关系理论的出现，人际沟通在管理中的作用越发受到重视。在学校教育中，教师与学生之间充分的沟通有助于建立良好的师生关系，激发学生学习与发展的内在动力。

 霍桑实验：工作效率为什么会提高？

【案例8】霍桑实验：工作效率为什么会提高？

霍桑实验是管理心理学史上最著名的实验之一。这一系列实验研究在美国芝加哥西部电器公司所属的霍桑工厂进行。霍桑工厂虽然具有较完善的娱乐设施、医疗制度和养老金制度，但是工人们仍经常感到不满，甚至愤愤不平，工厂生产业绩很不理想。为找出导致生产业绩不理想的原因，1924年美国科学院的全国科学研究委员会决定在霍桑工厂进行一项研究，探讨工作环境、工作条件对工人工作效率的影响，这项研究被称为"霍桑实验"，这项实验共分四阶段：

1. 照明实验阶段

照明实验的持续时间是从1924年11月至1927年4月，目的在于调查和研究工厂的照明度与工作效率的关系。当时占统治地位的生产效率理论认为，影响工人生产效率的是疲劳和单调感等，于是当时的实验假设便是"提高照明度有助于减少疲劳，从而提高生产效率"。可是经过两年多的研究发现，照明度的改变对生产效率并无影响，二者之间并没有直接关系，生产效率仍与某种未知的因素有关。研究者本以为实验组（见表3）的工作效率会提高，但实际并非如此，当实验组照明度增大时，实验组和控制组都增产；当实验组照明度减弱时，两组依然都增产。研究者对此结果感到茫然。从1927年起，以哈佛大学心理学教授梅奥（George Elton Mayo）为首的一批心理学工作者将实验工作接管下来，继续进行实验。

2. 福利实验阶段

福利实验的时间是从1927年4月至1929年6月。实验目的是要发现休息时间、作业时间、工作形态等福利待遇与生产效率存在何种关系。研究假定实验组（见表3）在增加福利后，生产效率会高于对照组，但是，经过两年多的实验发现，生产效率的决定因素并不是福利条件，不管福利待遇如何改变（包括工资支付办法的改变、优惠措施的增减、休息时间的增减等），都不影响产量的持续上升，甚至工人自己对生产效率提高的原因也说不清楚。后经进一步分析发现，导致生产效率上升的主要原因是员工的情绪，而影响员工情绪的重要因素是企业的人文环境，即员工之间的人际关系。

表3　增加照明与增加福利实验

	实验组	对照组
增加照明实验	增加车间亮度	无
增加福利实验	延长休息时间，缩短工作时间，供应茶点	无

3. 访谈实验阶段

研究者在工厂中开始了访谈计划。此计划的最初想法是要工人就管理当局的规划和政策、工头的态度和工作条件等问题做出回答，但这种规定好的访谈计划在进行过程中却大大出人意料，得到意想不到的结果。工人想就访谈提纲以外的事情进行交谈，工人认为重要的事情并不是公司或调查者认为意义重大的那些事。访谈者了解到这一点，及时把访谈计划改为事先没有计划的内容，每次访谈的平均时间从三十分钟延长到1～1.5个小时，多听少说，详细记录工人的不满和意见。访谈计划持续了两年多，工人的产量大幅度提高。

工人们长期以来对工厂的各项管理制度和方法存在许多不满，无处发泄，访谈计划的实行恰恰为他们提供了发泄的机会。发泄过后心情舒畅，提升了士气，使产量得到提高。

4. 群体实验阶段

梅奥等人在这个实验中选择14名男工在单独的房间里从事绕线、焊接和检验工作。对这个班组实行特殊的工人计件工资制度。实验者原来设想，实行这套奖励办法会使工人更加努力工作，以便得到更多的报酬。但观察的结果发现，产量只保持中等水平，每个工人的日产量平均都差不多，而且工人并不如实报告产量。深入调查发现，这个班组为了维护他们的群体利益，自发地形成了一些约定：谁也不能干得太多，突出自己；谁也不能干得太少，影响全组的产量，并且不准向管理者告密，如有人违反这些规定，则受到惩罚。进一步调查发现，工人们之所以维持中等水平的产量，是担心如果产量提高，管理者会改变现行奖励制度，或裁减人员，或者会使干得慢的伙伴受到惩罚。这一研究表明，为了维护班组内部的团结，可以放弃物质利益。由此提出"非正式群体"的概念，在正式的组织中存在着自发形成的非正式群体，这种群体有自己特定的行为规范，它对群体的行为起着调控作用，也加强了群体内部的协作关系。

 分析与讨论　**人际关系理论**

一、霍桑实验与人际关系理论的形成

通过霍桑实验，研究者发现传统的管理理论中把人视为"经济人"这一人性假设存在很多问题和不足。基于霍桑实验结果所作的分析，梅奥在1933年出版了《工业文明中的人》一书，其中提出"社会人"的概念，于是人际关系理论产生了。与以往的管理理论不同，人际关系理论主要强调以下几个方面：

第一，早期的管理理论、管理方法和管理制度建立在一种"经济人"的人性假设上，即人是一种受经济利益驱使的"经济人"，因此金钱或物

质成为刺激工人积极性的唯一动力。霍桑实验证明人是"社会人",即人是复杂的社会关系的成员,因此要调动员工的积极性,除了物质需求的满足,更要注重满足员工在社会和心理方面的需求。

第二,早期的管理理论认为生产效率主要受工作方法和工作条件的制约,霍桑实验证明了工作效率并非主要取决于工作条件和工作方法,关键在于员工的工作积极性,取决于员工的士气和工作情绪,这又与员工的工作满意程度有关,工作满意度越高,士气就越高。因此,提高生产效率的主要途径应当是提高员工的工作满意度。

第三,早期的管理注重正式组织的组织机构、职权划分、规章制度等,霍桑实验证明员工中还存在着非正式组织,或称之为"小团体",这种非正式组织有其特殊的关系和规则。正式组织通行的主要是效率为先的逻辑准则,而非正式组织通行的则是感情为先的逻辑准则。管理者需要正视非正式组织存在的现实,并处理好正式组织与非正式组织之间的关系。

基于霍桑实验,梅奥提出了"社会人""士气""非正式组织"的概念,开创了管理心理学中的新领域,即强调人际关系对生产效率的影响,强调管理者应重视人际关系与人际沟通,通过积极的沟通,建立良好的人际信任,从而提升工作效率。

二、人际关系理论与沟通的关系

霍桑实验对传统的管理理论进行了突破,把管理的关注点从工作或物的因素转到人的因素上来,它的一个非常重要的价值在于使管理者把被管理者视为需要情感支持和心理关怀的"社会人"。因此,自从霍桑实验之后,管理者逐渐开始重视人际沟通对管理效率的作用。现如今,在各种管理领域中,沟通越发受到重视,良好的沟通越发成为实现组织发展目标的关键保障。

在学校教育教学领域,人际关系理论也有其非常好的适用性。学生发展是学校教育的基本目标,教师在课堂上实施教学要对学生的学习进行管理,班主任教师要对一个班级或团队进行管理等教育教学活动,都需要教师充分重视与学生之间的沟通。教师通过积极沟通，与学生之间形成良好的人际交往，为实现学校教育目标奠定基础。

中小学生的身心正处在飞速发展的时期，他们尤其在心理或精神层面上有着强烈的发展需求和动力。比如，学生在人格上需要得到教师的尊重，在情绪情感上需要得到教师的理解，在人际交往上希望在学校和班级中获得充分的归属感，因此，教师要充分关注与学生之间建立良好的人际关系，通过积极的人际沟通，建立有益于学生发展的师生关系，从而调动和激发学生自觉主动地完成学业。满足学生的人际心理需求，可以提升其参与班级活动的积极性，增加其对学校发展的关心和关注，增强其主人翁责任感和自我价值感。

学生教育成功的关键在于通过调动和激发学生的内在动力，开发学生发展的潜能，以达到预期的学校发展目标。因此教师与学生之间的有效沟通就显得必不可少，甚至至关重要。教师要关注学生的所思所想，关心学生心理发展状态，通过积极的沟通，更好地了解学生的心理需求，进一步改善和促进教师与学生之间的关系，从而激发学生的学业动力、促进学生更好发展。

应对策略 人际知觉与沟通

学校沟通过程中，教师要力求与学生之间建立良好的人际关系，良好的人际关系需要教师与学生之间积极地认识和评价对方，尤其教师作为教育者需要积极地认识和评价学生。然而在人际知觉的过程中，总有一些干扰人们相互认识和理解的心理因素，使人们不能全面、客观地认识对方，容易使人产生认知偏见或错误评价。

人际知觉效应往往成为阻碍教师与学生良好人际沟通的知觉偏见，从而影响学校或班级管理效率。因此，如果教师期望与学生之间进行良好有效的沟通，那么教师就有必要了解可能对学生产生的人际知觉偏见，避免以下几种阻碍沟通的人际知觉效应。

一、联想效应

人们在看待他人时往往会根据自己看到的或听到的信息对其做出判断。心理学家曾做过这样一个实验：给两组人出示同一人的照片，出示之前，对一组人说，这是个重案罪犯，而对另一组人则说这是位大科学家。然后让人们看照片，并用文字描述照片上的人的相貌。结果发现，第一组的评价更多是消极的，如"深陷的双眼证明内心的仇恨"；而第二组的评价更多是积极的，如"深陷的双眼表明思想的深度"。

我们再来看一看下面的心理知觉图形，从图5中可以看到什么图形呢？许多人可能会说在第一个图中看到一个"圆圈"，在第二个图中看三个图形的中间分别是"圆形""正方形""三角形"。

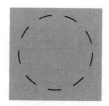

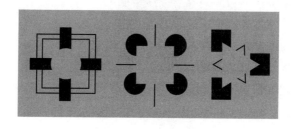

图5　心理知觉图形

然而，第一个图中的图形其实并不是真正意义上的圆形，而仅仅是一些弧线段的组合，它们在人的知觉中组成圆形。第二个图中的三个图形的中间实际上并没有真正意义上的圆形、正方形和三角形，它们都可以是人主观知觉或虚构出来的图形。

学校教育实践中，教师在认识或判断学生的言行时，有时不能仅仅根据学生外部的一些特点或信息，通过自己的主观经验或逻辑推理加以丰富的联想，而是要通过与学生的有效沟通来更全面、更丰富地观察和分析学生，然后再做出准确判断。

二、首因效应

首因效应，也叫"第一印象"，是指如果某人在初次交往时给人们留下良好的印象，就会影响人们对他以后一系列行为的评价与判断，然而，这种"第一印象"往往具有表面性和片面性。如果教师对学生的"第一印象"带有表面性和片面性的认识，那么不仅会使教师对学生的评价难以准确客观，而且这种评价也可能会长时间地影响教师与学生在人际交往过程中的评价与决策。

首因效应对人际交往到底意味着什么呢？请做下面的心理小测试 B，你认为第一印象在人际交往中的作用有多大呢？

心理小测试 B 第一印象在人际交往中的作用有多大？

在与他人交往时，第一印象往往具有一定作用，你认为第一印象对自己与他人交往的作用有多大呢？请在下面的答案中做出选择。

A、认为第一印象的作用在 90% 以上

B、认为第一印象的作用在 60%～90%

C、认为第一印象的作用在 30%～60%

D、认为第一印象的作用在 30% 以下

E、认为第一印象的作用为 0

（答案请见本书最后的"附录：心理小测试答案"）

在教育教学活动中，学生的仪表、衣着服饰、上课时的坐姿、专注神态等都可能给教师带来"第一印象"，它们可能在一段时间内影响着教师对学生的认识和感受，甚至有可能形成不应有的认知偏见。第一印象可能会使教师对学生形成片面认识，处理学生问题时做出不公正或不合理的判断。如果教师对学生的"第一印象"不好，甚至可能会干扰教师对学生今后的行为的判断，从而对学生产生不好的认识，并做出消极的解释和预测。

案例 7 中，教师对学生不合格的发型就可能产生不好的"第一印象"，这种认知偏见或偏差进而可能延伸出新的错误认识："学生的发型不合格，学生的学业也不会合格"。可见，师生交往过程中，教师要把握第一印象的积极作用，力求从积极方面去看学生，形成良好的第一印象，同时要避免第一印象的消极作用，在充分了解学生之后对学生做出发展性的判断，避免片面地、静态地看待学生。

三、光环效应

光环效应也称为晕轮效应，指人们在认识事物或相互交往时，往往会受个别或局部特征的影响，而对人或事物的整体做出判断。如果教师在认识学生时，不由自主地选择学生的一个突出的优势或缺点，从而以点代面、以偏概全地做出对该学生整体面貌或特点的判断，那么这就是"光环效应"对教师认识学生产生了误导。

当前在"应试"教育的干扰下，中小学教育仅凭考试成绩来衡量学生一切的做法仍然并不少见。学生考试成绩好往往就被视为各个方面都优秀，学生考试成绩好往往成为评判"三好"的主要依据，而学生可能存在的缺点或不良品行往往被淡化。这就是一种光环效应的表现。光环效应不仅干扰着教师对学生形成客观、积极的态度和认识，也会造成教师对待学生的忽视或不公正，比如，学习好的学生可能就更多受到教师的积极关注，而学习不好的学生就可能更多受到教师的消极关注。

虽然，目前学校也非常重视实施素质教育，但是素质的内涵在许多学校仍然停留在考试成绩上。当然，这种学校教育中的"光环效应"不仅与学校内部发展因素有关，更主要地与学校外部的社会、经济、文化等因素的发展有着紧密关系。比如，当前社会对人才评价的功利性，就可能导致学校评价学生时过于强调考试分数。

四、刻板印象

刻板印象是由于地理、经济、政治、文化等因素的长期作用，使人们对不同人群或事物产生倾向某种共同的、较为固定的认知，这些认知未必都有事实根据，往往带有偏见色彩。当人们对某一类人群持有长期固定的看法，并以此来判断和评价这一类人群的心理与行为表现，这就是人际交往中的刻板印象在发挥作用。事实上，当我们看待他人时，常常会不自觉地从年龄、性格、职业、地区、民族等方面对其进行特定的归类，并把关于这类人的形象加以固定，作为评价他人的依据。刻板印象虽然可以帮助人们快速地认识或评价他人，但它往往使人对当前的人或事产生消极的、错误的认知。

在与学生沟通的过程中，教师也可能会表现出这种刻板印象的特征，在头脑中形成对某类学生的固定印象，比如，许多教师认为女生应该去学习文科，而男生应该去学习理科。特别地，有的教师对学生的刻板印象仍然停留在传统认识上，比如，认为学生就应该对教师言听计从，不能反驳。我曾在一所小学听课，有个小学生不断提醒教师黑板上有多处地方写错了，有的是错别字，有的是笔画不对。开始教师还比较耐心，而后来也许由于这个小学生指出了教师太多的"错误"，教师觉得不好意思了，就有些生气地小声对学生说："不要多嘴。"这其中就有教师对学生形成的某种特定的认知在起作用。

然而，随着社会的发展，学生这一概念的内涵也有所变化，教师的学生观也在不断丰富，有所改变。教师对学生形成的刻板印象也在不断减少。比如，当前学校教育提倡教师与学生之间建立民主、平等、和谐的师生关系，如果教师依旧把学生视为言听计从的人，居高临下地俯视学生，就可能难以收到良好的教育教学效果。

五、投射效应

心理小测试 C　小鱼在想什么？

请看下面这幅图，当一条小鱼与一群小鱼相遇时，请问你认为右边那一条小鱼在想什么，并把你的答案写在纸上。（"答案"在本书最后"附录：心理小测试答案"中）

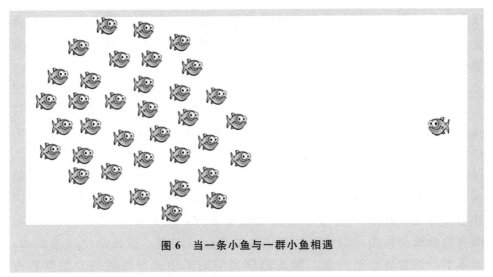

图6　当一条小鱼与一群小鱼相遇

也许有人会认为右边那条小鱼在想："我是否应该加入它们？""它们一大群多快乐啊！""我好孤单啊！""我这条小鱼多无助啊！"等等。

或者，也许有人认为那条小鱼在想："我要做它们的首领！""我这条小鱼在给那一群小鱼上课呢！""我一个人多么自由啊！"等等。

到底哪种观点是"正确答案"呢？右边那条小鱼到底在想什么呢？它能想什么呢？

其实，图中的那条小鱼什么也没有想，而且那一群小鱼也什么都没有想，这只是一幅图画，它们是静止的、"死"的，不可能有所思所想。真正有所思所想的不是小鱼，而是看小鱼的人。人对外界事物的评价常常并不意味着事物本身具有某些相应的特点，而是意味着人对自身内在态度与价值观的投射，简单地讲就是人在评价外界事物时，往往体现出他自身的想法和观念。

我们对小鱼所思所想的判断其实是我们内心对事物价值判断的投射。如果你认为小鱼会有什么想法，它在想什么或在说什么，那一定是你内心的想法或观念在小鱼身上的投射。比如，如果有人认为这条小鱼很孤独无助，这可能投射出他们不喜欢独处，而更倾向于喜欢合群，追求群体生活。如果有些人认为小鱼很自由自在，那么这可能投射出他们渴望独立自由，喜欢独处，也反映出他们更具有独立性。如果有人认为那条小鱼想投入那一大群鱼的怀抱，那么他可能希望获得某种归属感或渴望被群体认可，等等。

投射效应是指由于人们自身心理上具有某种特性，因而判断他人也一定会有与自己相同特性的心理特征。通俗地说就是"以己度人"，即自觉或不自觉地把自己对事物的认识或判断，在评价他人或事物的过程中投射出来。事实上，教师在教育学生之前，往往已经形成了学生是什么样的人的观念或假设，并以这种假设来教育学生。比如，当学生出现错误时，有的教师会认为"犯错误"是正常现象，是学生的必然表现，因此采用尊重、理解、沟通式的民主教育方式，帮助学生及时改正错误。而有的教师会认为"犯错误"是学生的不正常现象，或是学生故意而为，如果不严加管教会更严重，因此教师对学生采用批评指责的专制管理方式。其实教师所采取的与学生沟通的方式就是教师的人性观和学生观的投射，是教师对人性与学生的发展的理念投射于教育学生的行为之中。可见教师如何看待人的发展，如何认识学生，对其教育教学行为具有重要作用。

六、角度效应

当人们从不同角度认识人或事物时，往往获得不同的认识和看法，有时候不同视角所看到的结果甚至截然相反。事实上，人们在认识事物时，往往仅仅站在某一个角度或视角，这就很有可能导致信息获取不完整，造成以偏概全，片面地理解事物的全貌。因此许多时候，人们需要从不同角度来看待事物，把各种视角所形成的认识和看法汇集起来，更有助于呈现出事物的全貌。

请仔细观察图 7，确认一下你看到了什么？然后请换个角度，把这幅图上下颠倒过来看一看，你一定会有不同的发现。

图 7　倒过来看一看

教师看待学生也需要尽可能从多个角度去观察和了解。从多个角度了解学生，教师就有可能获得关于学生更为全面的信息。在学生成长的过程中，除了学校教育的视角之外，家庭教育的视角也是教师不可忽视的重要信息来源。比如，在某个贫困山区的小学，前来支教的教师经常发现学生们有许多行为习惯不良的问题，虽然教师为了培养学生们良好的行为习惯，花了不少心血，但是并不理解学生的不良行为表现，经常埋怨学生和家长。当学校组织支教的教师们对部分学生进行家访之后，这些教师们不再埋怨学生了，因为当教师们看到这些学生贫困的家庭境况、贫乏的家庭成长环境时，不仅对学生们有了新的认识和理解，也对家长们多了一份理解。

 树立积极的人性假设

一、麦格雷戈的人性理论对管理沟通的启示

基于马斯洛的需要层次理论，麦格雷戈（Douglas McGregor）提出了关于人性的"X 理论"和"Y 理论"：

X 理论：假设人具有厌恶工作，逃避责任的本性。

Y 理论：假设人具有自我完善，自我控制和接受责任的本性。

表 4　基于人性理论的管理思想

X 理论的基本观点：	基于 X 理论的管理思想：
➤ 认为人是好逸恶劳的 ➤ 认为人需要强制与惩罚 ➤ 认为人总是规避责任，回避风险	➤ 缺乏绩效由本性所致 ➤ 集权化管理 ➤ 阶梯原则 ➤ 组织重于个人
Y 理论的基本观点： ➤ 人天生勤奋，乐于工作 ➤ 人为自身承诺而自我管理 ➤ 自我实现是人最重要的需要 ➤ 人总是寻求责任，并承担责任 ➤ 人总是富于想象力、智慧和创造力	基于 Y 理论的管理思想： ➤ 低效归因于管理 ➤ 参与管理 ➤ 融合原则 ➤ 兼顾组织要求和个人需要

教师与学生的心理沟通之中，蕴含着教师对人性的假设，比如，有的教师认为经常犯错误的学生是不可救药的，而有的教师认为经常犯错误的学生仍然具有可塑性。这些人性假设影响着教师将采取何种沟通理念，影响着教师将采取何种方式与学生沟通。

二、四种人性假设对管理沟通的启示

哲学上讲的人性论是指人的一般本性和各个时代发生了变化的本性，是人类本性的最高概括。而管理心理学上讲的人性是指管理者对员工的需要和工作态度的看法和认识，它不同于哲学上的人性观，它一般抛开人的阶级性或阶层性，而从人的自然属性方面来加以理解。比如，可以把人性理解为：

> ➤人有高度自我、自尊和求得生存的欲望；
>
> ➤人是有智慧、有感情的动物；
>
> ➤人受先天遗传和后天环境的影响；
>
> ➤人的欲望并不完全相同，同一欲望也有强弱之差；
>
> ➤人可能因受到某种刺激而要求上进，努力去实现某一目标，甚至不惜牺牲生命；
>
> ➤人也可能因受到某种刺激而感到内心空虚、情绪不安，甚至感到人生毫无意义；
>
> ……

随着社会的发展，管理过程中对人性的理解经历了四种人性假设，即经济人假设、社会人假设、自我实现人或自主人假设、复杂人假设，它们代表着不同时代和社会对人性理解的变化和进步。

1. 经济人假设

基本观点：

（1）人的行为动机源于经济诱因，在于追求最大的经济利益，因此在组织操纵和控制下人是被动的；

（2）人基本上是受经济刺激的，人是为组织所操纵、激励和控制的被动力量；

（3）人的感情基本上是无理性的，组织机构的设计能够而且应该用来调节和控制人的感情，从而控制他们不可预测的性格。

相应的管理策略：

（1）用经济奖酬来获得劳务和服从；

（2）管理注重提高劳动生产率，完成生产任务，而对人的感情和道义上应负的责任是次要的；

（3）如果管理效率低或员工情绪低落，那么解决方法是重新审查奖酬方案。

2. 社会人假设

基本观点：

（1）人不只追求金钱、物质，社会需求是人类行为的基本激励因素；

（2）工作丧失了内在的乐趣和意义，它们只能在人们的社交中获得；

（3）人们对团队的意识比对经济报酬更重视；

（4）工作效率随人们的社会需要满足程度而变化。

相应的管理策略：

（1）关注员工的个人需求；

（2）关心员工的心理健康和人际关系、归属感和地位感等；

（3）注重群体的存在和团体奖励；

（4）管理方式提倡参与式管理。

3. 自我实现人或自主人假设

基本观点：

（1）人的需求是分层递进发展的，自我实现是最高需求；

（2）人们因工作而发展和成长，形成独立和自主的倾向；

（3）人在根本上是自我激励和自我控制的；

（4）个人目标和组织目标并不存在矛盾。

相应的管理策略：

（1）关注怎样使工作更具挑战性和内在价值，使员工能够在工作中找到这种价值，感受到接受挑战的自豪感和自尊感；

（2）管理者与其说是一位激励者、指导者、控制者，不如说是一位起催化作用的媒介，是创造和提供方便的人；

（3）奖励方式注重对人的内在奖励；

（4）管理方式提倡民主管理。

4. 复杂人假设

基本观点：

（1）人的需要是多种多样，且不断变化的，需要和动机组成复杂的动机模式；

（2）人可以学习获得新的动机，各种动机都可导致最高的生产率；

（3）不同的组织或组织部门会表现出不同的需要和动机。

相应的管理策略：

（1）提倡权变管理，以现实的情景为基础，做出可变的灵活的行为；

（2）管理措施要因人而异，因事而异，不能千篇一律；

（3）管理策略和措施不能简单化和一般化；

（4）没有一套适合于任何人、任何时代的万能管理方式。

概括而言，随着社会的发展进步，人性假设不断发展，当前管理对人性的看法也在不断改进。

（1）管理重点的转变：经济人重视物质因素刺激；社会人重视群体作用和人际关系；而自主人则更注重怎样使工作更具挑战性和内在价值，使职工能够在工作中找到这种价值，感受到接受挑战的自豪感和自尊感。

（2）管理职能的转变：管理者不再是物质施予者。管理者与其说是一位激励者、指导者、控制者，不如说是一位起催化作用的媒介者，是创造和提供方便的人。

（3）奖励方式的改变：从注重外在奖励，发展到注重内在奖励，再发展到注重内在与外在奖励的结合。

（4）管理方式的改变：从泰勒制式的"科学"管理发展到关注员工力量的参与式管理，再发展到注重员工自主的民主型管理。

对于学校管理而言，从学生发展的视角来看，教师在教育管理中应持何种人性假设呢？应把学生视为何种类型的人呢？"经济人假设"当然是不可取的，随着时代的变迁，我们不应视人为物的奴隶。"社会人假设"有其可取之处，教师需要关注学生的情感、人际等心理需求，以良好的沟通建立和谐的人际氛围，从而促进学生发展。"自我实现的人假设"是值得提倡的，虽然当前的学校教育发展水平整体不高，但是，教师应尽可能地把学生视为自我实现的人，培养学生的自主意识和自主能力，这种更为积极的视角将有助于提升学生的素质，培养学生真正成为自我实现的人。"复杂人假设"是值得思考的，它强调人的复杂变化的特性，它与学校因材施教的教育理念具有一致性。

 拓展案例 **建立积极的师生关系**

【案例9】那个学生有心理障碍吗？

有一次，我去一所中学给一个班级的学生做心理讲座，那个班级的班主任教师与我一同走进教室。我刚站到讲台上，这位班主任教师就指着教室最后一排的一个学生，叫着那个学生的名字，声音洪亮地对我说："那个学生有心理障碍，您给他好好治治"。

听到这位班主任教师这样说，我心里感到很是不安，我觉得教师有点儿忽视学生的感受，因此我担心这个所谓有"心理障碍"的学生会很尴尬，担心这会给那个学生带来不良影响，但是让我更为担心的是，我看到那个学生听到教师这样说自己后，却若无其事地与同桌说笑着，他似乎并不在乎教师这样说自己，但是，我能感受到他有点儿"破罐子破摔"的心态，也能感受到教师与学生之间的人际交往存在着不少障碍。

于是讲座之后，我向这位班主任教师询问，如何知道这个学生有心理障碍的，教师告诉我是"看出来的"。教师告诉我，这个学生一点儿也不服从管理，很不好交往，非常排斥与教师的沟通，而且学习也不好，因此，这个学生肯定有严重的心理障碍。然而，当我之后找到这个学生，向他询问情况时，学生告诉我，因为班主任教师总是不平等地对待学生，想当然地对学生的问题加以评判，很少听学生的解释，也不关注学生的感受，班级有些同学都处处与班主任教师"作对"。

那么，这种僵化的师生关系问题出在哪里呢？无论何种原因，教师积极与学生沟通也许是打破这种师生关系"僵局"的突破口。

从案例 9 中可以看出，教师与学生之间缺乏积极的人际沟通与学生的"破罐子破摔"之间有着紧密关系，缺乏积极的人际沟通在教师对学生的教育引导中产生非常消极的作用。教师作为教育者，需要积极地认识和评价学生，这样才能形成教师与学生之间有效的沟通，建立积极的师生关系，而消极的师生关系往往意味着教师与学生之间消极的认识与评价。教师与学生之间充分的人际沟通将有助于建立良好的师生关系，激发学生学习与发展的内在动力。

在霍桑实验之前，传统的管理理论把人视为受经济利益驱使的"经济人"，认为金钱或物质是激励人的唯一动力。然而，随着人际关系理论的出现，人与人之间的情感与心理需求的满足受到关注，人的内在价值与动力越来越受到重视。对于学校教育而言，在教师对学生的教育过程中，教师要关注学生的社会及心理方面的需求，应重视建立民主、平等、和谐的师生关系，通过积极的师生心理沟通，建立良好的师生人际信任，从而提升学生的学业动力。可见，在学校教育领域中，人际关系理论有其非常好的适用性。教师对学生的教育引导及管理都需要教师充分重视与学生之间的人际沟通。

中小学生正处在身心迅速发展的时期，他们在人格上需要受到教师的尊重，在情绪情感上需要得到教师的理解，在人际交往上希望在班级或学校中获得充分的归属感，因此教师要通过积极的师生沟通，建立有益于学生发展的师生关系，提升学生参与班级及学校活动的积极性，增强学生的主人翁责任感和自我价值感。

师生交往过程中，教师要避免对学生的人际知觉偏见，关注学生的思维与情感发展的特点，通过积极的沟通，更全面、更客观地认识学生的特点，充分地了解学生的心理需求，化解学生的心理问题，用良好的师生关系促进学生更好发展。如果教师对学生的认识具有表面性和片面性，那么不仅会使教师难以客观地评价学生，也可能会干扰教师对学生发展做出错误判断和不良决策。

事实上，在教育学生的过程中，教师往往有着某种人性假设以及对学生某种特定的认识，教师往往基于这种人性假设来教育引导学生。当教师树立积极的人性假设，倾向于认为学生具有心理发展需求和自我实现的本性，那么教师就会更多采用尊重、理解、沟通的民主教育方式。而当教师树立消极的人性假设，倾向于认为学生具有逃避责任、好逸恶劳的本性，那么教师就会更多采用批评、指责的专制教育方式。教师积极的人性假设中蕴含着有效的师生沟通，我们提倡教师积极地认识和对待学生，树立积极的沟通理念，以有效的师生沟通建立和谐发展的人际氛围。

第三部分　师生沟通的心理前提

DISAN BUFEN　SHISHENG GOUTONG DE XINLI QIANTI

第五章　开放的思维

——学生观是教师开放思维的核心，教师要树立科学合理的学生观，用发展的眼光、独特的眼光和系统的眼光看待学生。

 "老师，您也许没想到！"——一个中学生的心声

教师的天职在于育人，在于培育学生美好的心灵，因此，教师被赋予"人类灵魂工程师"的美称（当然，塑造人类灵魂的还有一位重要的"工程师"，那就是家长）。教师除了具有渊博的学识以外，给予学生必要的尊重理解和心理支持等也是非常重要的，否则教师渊博的学识就会失去光彩。

在教育实践中，有些教师常常对这样一些问题深感困惑：自己为学生付出了无数辛劳和汗水，为何却得不到学生的理解呢？自己做的一切都是为了学生好，为何学生就是不领这个"情"呢？自己为教学投入了大量的时间和精力，却为何不见学生学习的改善呢？我想也许教师应该静下心来仔细考虑一下，是否有些问题是自己没有想到的呢？

> **【案例10】"老师，您也许没想到！"——一个中学生的心声**
>
> 有一天，一位高中生向我倾诉他心中的苦闷。他思维敏捷又充满激情，但从他对前途有些忧虑的话语中，我深深感受到他承受着巨大的心理压力。让我们来倾听一下这位中学生的心声吧。
>
> 学生（生）：我现在经常感到心里很疲惫，不知道这样的高中生活该如何度过。
>
> 教师（师）：能具体谈一谈吗？

生：我现在上高一，比起初中学习好像更忙了。这才刚上高一就三天两头考试。虽然我在班里学习不太差，但每一次发下来的考试卷上总会有不少错误。最让人难以接受的是当我有不会的问题请教老师时，老师却总是不耐烦地对我说，"你怎么连这都不会，自己好好想一想"，或者说"某某同学会做，为什么你就不会做"。我再也不愿意问老师问题了，我觉得问老师问题就好像做了对不起老师的事情似的。有一位老师，每次把试卷发给我们，就对我们全班说："你们怎么这么笨，上次考试那么简单的题都做不对。"最近，我们班来了一位新老师，据说是从别的学校调来的特级教师，讲课挺好的，但这位老师总是把我们与他以前的学生做比较，经常说，"你们连我以前学生的一半都不如"。老师们整天这么说，我真觉得自己什么也做不成。

师：老师这样说你们，你的心里很难受，你把这些感受向老师说过吗？

生：不敢。尤其我们的班主任从来不对我们笑一下，只知道对我们讲规章制度，把我们当成犯人似的。虽然他对我们班非常认真负责，但是，我们都不对他说心里话。因为，他很少表扬我们，只会批评我们。前几天开运动会，我参加了比赛，但班主任却在比赛前冷淡地对我说："看你的样子就知道你不会取得好名次的。"后来我得了第一名，可班主任连提都没提。

师：你们很需要老师的鼓励，是吗？

生：这是肯定的。其实，班主任也偶尔鼓励过我们，但那种鼓励总让人觉得不舒服。比方说，我的二胡拉得不错，班主任称赞过我，但他同时也对我说，二胡拉得再好也没有用，那是假的，只有把考试考好才是真的。我真不明白这有什么关系，我觉得自己练习二胡并没有影响学习。一天到晚就知道让我们学习，能学好吗？好像除了学习，我们做什么都是错的。

师：老师很重视你们的学习，是吗？

生：是的。在班级里面，只要你学习好，就什么都好了。同学也羡慕，老师也宠爱。老师对待学习好与学习不好的同学的态度绝对不一样。学习好的同学上课说话就是讨论问题，学习不好的同学上课说话就是扰乱课堂秩序。老师把学习好的同学都安排坐在教室前排，而把一些学习不好的同学安排坐在教室后排，老师说这叫"名次排位制"。其实，最倒霉是我们这些中等的学生了，没人过问我们学得怎么样了。其实，我们又不是小孩子，这种做法对我们将来有什么好处？

师：你对将来考大学怎么打算？

生：北大清华就不用考虑了，能上一所普通大学就不错了。班主任就是这样对我说的，我的父母也这样对我说。弄得我对自己没有信心，恐怕连考上普通学校都成问题。我也知道自己应该努力，但心情这么压抑，怎么能专心学习呢？

谈话中，我能感觉到他是一个非常善于思考问题的学生。他的话语可能有些偏激，但也不无道理。这次谈话之后，我的头脑中萦绕着一个念头，那就是"好学生是鼓励出来的"。我们的学生多么需要鼓励，多么需要给予心理支持，尤其是自我意识迅速发展的中学生，他们多么渴望得到理解啊！哪怕是一个眼神，一个手势，一句话语，都可能饱含着老师对学生无限的关爱。

其实，在每一位辛勤耕耘的老师手中都有一个成功培育学生的法宝，那就是给予学生心理支持和鼓励，它们就蕴含在老师对待学生的态度和行为中。

 分析与讨论 **打破思维的局限**

一、您的认识有局限性吗

人们经常认为自己的认识是没有局限性的，但是，事实上人们在认识上总是存在着各种各样的、不同程度的局限性。人们的认识是有限的，这是客观事实。对于教师而言，在教育学生的过程中，需要努力减少自己思维上的局限性，提升自己的思维境界。

心理小测试 D　数一数有多少个正方形？

下面的图形是一个大的正方形，其中横竖都是均等分的，请你数一下这个图形一共包括多少个正方形？（正确答案在本书最后"附录：心理小测试答案"）

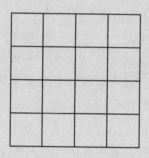

图 8　有多少个正方形

其实，心理小测试 D 并不在于考你是否能数出正确的个数，而在于从中看出自己认识上的局限。事实上，这个看似简单的图形，它的每一条边、每一条线，都清晰地呈现在我们眼前，但是真正能一次就看清楚图形中有多少个正方形的人并不多。许多人都会有所遗漏，甚至有一部分人会立即回答："共 16 个正方形。"

想一想，教师在面对教育学生的情境或问题时，是否有类似的情况发生：一个看似非常简单、非常容易处理的问题，但是在实际解决时却超出我们的认识能力，或者并不是我们想象的那样简单。

因此，作为一名胜任的教育者，需要有良好的认识能力和思维境界。教师在看待学校教育问题时，一定要比其他行业的人更为深刻和全面；教师在判断学生学业发展时，一定要比学生更为清晰和准确；教师在处理学生问题时，一定要比学生更为长远和开阔。这并非认为教师要高学生一等，教师与学生在人格上当然是平等的，但综合而言，教师的认识能力和思维境界一定要比学生高。

开放的思维境界可以帮助教师坦然面对学生发展中出现的各种各样

的问题，开放的思维境界可以帮助教师为促进学生发展而积极努力，开放的思维境界可以帮助教师更主动地与学生进行沟通以了解学生的发展状况。

我们时常所说的，作为一个学校教育者要"站得高，看得远"，这就是指教师要有开放的思维境界。正因为如此，教师才成为教育者，而学生才成为受教育者，教师才能成为学生发展的引导者和支持者。

心理小测试 E　"架桥"问题

这个小测试是一道考察思维发散性的题目。如下图所示，一条河两岸是平行的，河宽 100 米，于是河两岸正对的两点 A 与 B 相距就是 100 米。同岸的 B 点与 C 点的距离为 200 米。现在的任务是人从 A 点出发，过河到达 C 点。河上没有桥，就需要架一座桥，这座桥如何架呢？只有一个要求，即这座桥必须垂直于两岸。问这座桥如何架，才能使人从 A 点出发到达 C 点，所走的距离最短？

（正确答案请见本书最后"附录：心理小测试答案"）

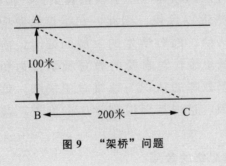

图 9　"架桥"问题

当看到本书附录的答案后，不知你是否找到问题的正解。如果你的解决方案不是"最短的距离"，那么不知你有何感想？

面对心理小测试 E "架桥"这样的问题情境，人们往往会积极思考，但是能正确解决问题的人并不多。大多数人的思维仍然沿着常规方式进行，认为桥长一定要比桥宽更长，而且许多人在解决这个问题时，把关注点放在如何节省架桥材料，降低架桥损耗，如何节省时间等方面，却忽视了题目一个最基本的要求，即如何"走的距离最短"。

事实上，"架桥"这一问题的难度非常大，能解决这一问题的人数比例非常低，绝大多数人难以解决。这里出这个题目并不是为了难为人，而是想通过这个心理小测试 E，考察一下人们思维局限的客观存在。

二、教师要减少思维的局限性

从上面的两个心理小测试 D、E 中，我们也许可以感受到我们的认识并不总是那么全面而深刻，尤其对于心理小测试 E "架桥问题"，大多数人很难打破常规思维的方式，不容易采用发散性思维去分析和解决它。事实上，每个人的认识都在一定程度上存在着局限性。

人们的思维在多数情况下表现为常规思维，遵循一般常规的思路，而学校教育工作经常充满各种各样的变化，需要教师以多种多样的方式加以处理，因此，教师需要具有开放的思维方式，具有良好的发散性思维能力，要拥有更开阔的思维境界。

回顾案例 10，那位教师非常重视学生的考试成绩，却缺少对学生的鼓励和心理支持，应该说教师对教学很认真负责，但一味地投入"应试"教育的洪流中，有些难以自拔。因此，在学校教育中，作为教育者的教师在实施教育教学活动、面对学生的发展问题时，需要突破认识的局限和束缚，拥有开放的思维，对自身的教育教学行为和学生发展有更清晰的认识和领悟。如果教师的认识与思维过于局限，就可能难以找到学生发展问题的根本原因，忽视甚至漠视学生的发展，甚至可能阻碍学生获得良好的发展。

三、做拥有开放思维的教师

教师作为学校教育者，应该看清学生发展的根本方向和目标，教师所开展的教育教学活动应该真正为了促进学生的发展。开放的思维境界有助于教师有效地进行教育教学和学生管理工作，有助于教师在教育教学活动中提出独到的见解并形成有特色的教学风格，有助于教师冷静地处理教育教学中出现的问题，有助于教师从容应对学生出现的各种错误或不足。

面对纷繁复杂、急剧变革的社会发展，教师需要以开放的思维境界来谋求学生的发展，实现自身的发展。一位优秀的教师要能够跳出学校教育的圈子来看学校教育，能够站在社会发展与改革的大背景下审视学校教育，思考学生管理，通过积极的心理沟通，有效地实施学校教育教学活动，实现学生发展。

在学校教育中，人们经常把教师比喻为"园丁"，拥有开放思维境界的教师正如"园丁"式的教育者，他们注重与学生这一花朵的心与心的交流，注重与学生的沟通，他们用开放的思维播下发展的种子，孕育学生的美好未来，收获学校教育的成功。

图10 "园丁"式的教师：播下种子孕育学生的美好未来

 学生观是教师开放思维的核心

一、什么是学生

请问什么是学生？学生的本质是什么？这里讨论的"学生"当然是狭义的概念，即学校的学生，而不是广义的学生概念。如果不问"什么是学生"也许我们都知道什么是学生，但是，如果问"什么是学生"我们似乎并不清楚学生的本质含义是什么。

我曾向许多教师提出过这个问题，教师的回答各种各样，最多的回答是："学生是在学校学习的人""学生是向教师学习的人""学生是在学校受教育的人",等等。这样的回答与现代汉语词典中对"学生"的解释是一致的,但是这些解释并没有说出学生最本质的含义。

学生最本质的含义是什么呢?学生这一概念最本质的含义在于,学生是在学校学习陌生东西的人,"学习陌生东西"这才是学生最本质的特征,因此在学校里受教育的人才被称为"学生",而不是"学熟"。其实,学生字面的含义就是其最本质的含义,这样解释并非玩文字游戏,而是为了揭示学生的本质含义。教师认识到学生的这一本质特征,对客观地认识学生以及顺利实施教育教学工作具有重要意义。

如果学生是学习陌生东西的人,那么没有人能保证学习陌生东西不会出现错误或问题,因此,犯错误是学生的必然表现。如果教师认识到这一点,那么,教师还会为学生出现的错误而生气吗?教师还会为学生发展中出现的问题而急躁吗?当然不会。教师会理智地、心平气和地与学生沟通,帮助学生纠正错误和解决问题。

教师的教育对象是学生,教师的核心工作是教学与学生管理。教师要有开放的思维,核心体现在教师拥有什么样的学生观,学生观就是在教师头脑中的一幅学生画像,它描绘着在教师心目中,学生应该是什么样的人。

实际上,在每位教师的心灵深处都有一幅关于"学生是什么样的人"的学生画像,它就是由教师的学生观描绘而成的,它详细地记录着教师心目中所理解的"学生"的一切方面,并指引着教师如何对待学生、教育学生。比如,在课堂上,一个学生没有听懂教师讲授的内容,问了教师一个看似简单的问题,于是教师质问学生:"你怎么上课不认真听讲呢?"教师的心里暗想"这个学生怎么这么笨"的时候,教师头脑中的学生画像就起作用了。

教师的学生观是由教师对学生的认识和信念所汇集而成的,它可能是正确的,也可能是错误的。在教育过程中,教师的学生观总是有意或无意地调控着自己对待学生的态度、情感以及行为,比如,一个认为"学生不可以有错误"的教师就可能常常指责学生的错误,而一个认为"出错是学生的本质特征"的教师,则会冷静宽容地对待学生的错误,平和从容地给予引导改正。进而，教师还会为了证实自己所描绘的学生画像而不断地寻找证据，并按照它处理学生问题。

在实际教育教学过程中，面对各种各样的学生发展问题，有些教师由于对学生的"画像"存在偏差，以至于对学生的心理特点及发展规律缺乏科学的认识和理解，存在感性多于理性、主观大于客观的表现，比如，学生的心理发展问题经常与品德发展问题混淆在一起。因此有些教师常常仅凭学生的学习成绩这一维度或凭自己的感性经验来判断学生的心理与学业发展是否良好，而忽视学生发展（尤其是心理发展）的内涵和标准。

比如，有研究表明，关于学生的"厌学"，有的教师认为这样的学生就是"差生"，有的教师将其视为思想道德有问题；关于学生的"交往退缩"，有的教师认为是学生"自私"的表现，有的教师认为这只是"性格内向"的表现；关于学生的"攻击行为"，有的教师把其视为道德品质有问题，等等。这些都存在对学生认识的偏差。

当前，"为了每一位学生发展"已经成为教育革新和新课程改革的最高宗旨和核心理念，而且促进学生全面发展也是每一位教师的职责，因此，教师有必要树立科学合理的、符合时代发展的学生观，把每一位学生视为发展的人、有个性的人和系统环境中成长的人。

二、树立科学合理的学生观

教师树立科学合理的学生观是解决好学生问题、促进其良好发展的认识基础。只有正确地看待学生，教师才能够正确地对待学生的发展及其问题，真正做到促进学生身心健康发展。近年来，不断深化的教育改革对教师应该持何种学生观从不同视角出发提出了很多有价值的观点，综合来看，科学合理的学生观包括以下三方面内涵。

1. 学生是发展的人：用发展的眼光看待学生

发现了学生的错误或失败，教师经常会予以纠正或引导。许多教师会与学生进行积极沟通，教育引导学生改正错误，避免出现问题。在与学生沟通的过程中，教师的学生观往往发挥着重要作用，教师如何看待学生，教师把学生视为什么样的人，这对教师与学生的沟通是否能够取得实效具有重要意义。

试想在与犯错误的学生沟通之前，教师已经对这样的学生形成不同的看法和认识，它将使教师以不同的教育方式对待学生。比如，面对学生的考试成绩，下面两种不同的观念，哪一种观念将有助于教师解决学生的问题呢？

> ➢ 观念一：这是一个考不好的学生
> ➢ 观念二：学生这次考试没有考好

显然，"观念一"在评价一个人，"对人不对事"，而"观念二"在评价事情，"对事不对人"。

观念一"这是一个考不好的学生"，这是用一种僵化、静止的眼光来看待学生，以学生一次考试的结果来概括学生这个人的全部，这是一种以偏概全的认识判断，是给学生"贴标签"。学生在这种"标签"的作用下，发展空间就可能无形中被剥夺了。

观念二"学生这次考试没有考好"，这是一种对事不对人，就事论事地看待问题的思维方式。这种学生观就是用发展的眼光来看待学生，视学生为发展的人。因为学生的这次考试没有考好，并不等于下一次考试也考不好，学生这学期考试考不好，也并不等于下学期考试考不好。一次考试并不意味着"这是一个考不好的学生"。

从师生沟通来看，哪一种观念更有助于教师与学生的心理沟通呢？把学生视为"一个考不好的学生"，这意味着今天考不好，明天也考不好。而把学生视为"这次考试没有考好"，这意味着教师仅仅认为学生今天的考试没有考好，并不意味着学生明天的考试也考不好，这其中蕴含着教师对学生发展的期待和希望。教师以发展的眼光来看待学生，将更有助于教师与学生之间进行更积极有效的沟通。

在教育实践中，如下面表5所示，教师以发展的眼光和静止的眼光看待学生的情况都还有所表现，不同的教育观念将导致教师采取不同的教育方式，从而引导学生走向不同的发展方向。

表5　看待学生的不同眼光

发展的眼光	静止的眼光
这个学生的事情做错了	这是一个做错事情的学生
只要努力，每个学生都有发展前途	这个学生没有发展前途
只要努力，就有可能成功	这个学生注定失败
每个学生都是有学习潜能的	这个学生的学习能力到头了
……	……

当然，教师以发展的眼光看待学生，并不仅仅在于教师口头上的表达，而更应该是教师内在观念或深层观念的体现。如果教师表里不一或言行不一致，在内心深处已经把学生看"扁"了，即使口头上再如何发展地评价学生也是无济于事的，因为在教育学生的过程中，真正发挥作用的是教师的内在的、真实的观念或信念。

比如，教师对学生说："这次考试你没有考好，这并不代表你的真实水平"，但是教师内心里却认为："这个学生就是这样的水平了"。那么哪种观念会真正影响教师对学生学业发展的教育和引导？这是可想而知的。教师内心的观念会有形无形地作用于学生，而且，从长远来看，教师的深层观念真正发挥着作用。

所谓人的认知调控行为，就是指一个人的深层观念或信念对人的行为所产生的调控作用。教师的教育教学行为对学生发展真正发挥作用的也正是教师的深层观念或信念，因此，教师以发展的眼光看待学生，并不是仅仅停留在教师观念表层之上，而是需要教师在深层观念上对此真正有所认同和接纳。

比如，就学生心理健康发展而言，教师以发展的眼光看待学生显得尤为重要。目前有的研究认为，中小学生存在心理问题的比例非常高，甚至达到百分之三四十。这样的数字虽然令人难以置信，但也引起人们的关注。事实上，学生在学习与成长的过程中必然会表现出一些伴随年龄特征的发展性心理问题，这些问题不应该被简单地理解为心理障碍或问题。因此，教师要认识到学生是处于发展过程中的人，学生的本质特征之一就是不成熟，就是需要发展。这意味着每个学生在发展过程中都可能出现这样或那样的错误和问题，正因为如此，学生才需要教师的教育和引导。

因此，在教学与管理过程中，教师要了解学生的发展规律和特点，特别要充分认识学生的心理发展的一般规律，熟悉不同年龄阶段学生心理发展的特点，并在此基础上实施教育教学活动，冷静地对待和处理学生发展出现的问题。教师教育学生的目的就在于运用符合学生发展规律的方式，帮助学生从错误和问题中逐渐成长起来，最终成为社会发展和国家建设的有用人才。

简单地讲，学生今天的错误并不意味着明天的错误，学生现在的问题并不意味着将来也一样会出现问题。教师要相信每一个学生都蕴藏着巨大的发展潜能，每个学生都有发展的可能性，每个学生都是可以教育的，是有培养前途的，是可以获得成功的。教师只有把学生视为发展的人，才能正确对待学生的发展问题，从而有效指导学生健康发展。

2. 学生是有个性的人：用独特的眼光看待学生

每一位学生都有着特定的个性或差异性，每一位学生都有着自身的、与众不同的特点。比如，有的学生善于交往，有的学生喜欢安静；有的学生兴趣广泛，而有的学生喜欢在一个领域钻研深究。用独特的眼光看待每一位学生，对学校教育教学提出了新的要求和期待，它强调学生是有个性的人，强调教师不能以"一刀切"的方式来管理学生。

然而，目前学校教育中经常有忽视学生个性特点的情况，"一刀切"地教育学生的做法仍然比较普遍，这不仅不利于学生培养，也不利于学校发展。教师用独特的眼光看待学生就是教师要尊重学生的个性和差异性，尊重其独立人格。

一方面，尊重学生的独立性意味着学生是学习的主体，是有一定责任和权益的主体，教师要根据学生具体的心理发展规律和特点来培养学生，而不能把自己的意志强加于学生。事实上，教师也无法把自己的知识和能力简单传输给学生，教师不可能代替学生去学习和思考问题。如果教师把学生作为被动隶属的人，只会挫伤学生的主动性和积极性，抑制学生的思维发展，甚至酿成学生的心理问题。

另一方面，尊重学生的个性意味着每个学生的社会与家庭环境和生活经历不同，所形成的"心理世界"也各不相同，各有特色。可以说每个学生都具有其特殊性，他们有不同的兴趣爱好，有不同的情绪情感表现，有不同水平和类型的能力特长，有不同内容的志向和抱负，有不同的事物选择倾向和价值判断标准，等等。

在学校教育实践中，教师不能只关注一部分学生，而忽视另一部分学生，比如，有的教师往往重视那些聪明灵活的、学习成绩好的学生，而忽视甚至冷落那些智力发育迟缓的学生、被同学孤立和拒绝的学生、有过错的学生、有缺点或缺陷的学生、与教师意见不一致的学生，甚至是与教师对抗的学生。

尊重学生的独立性和个性，强调的就是因材施教的教育理念，它需要教师平等对待智力和能力不同的学生，学习成绩不同的学生，性格特点不同的学生，家庭背景不同的学生，等等。学生是有个性的人，教师要用独特的眼光看待学生，这是教师对待学生的基本态度和认识，它是教育学生的基础，也是认清学生的心理发展特点及发展问题的认识基础，对促进学生身心健康发展具有重要意义。

此外，有必要明确的一个问题是，个性化地教育学生与公平公正地对待学生并不矛盾，公平公正并不意味着管理要"一刀切"，个性化地教育学生也并不意味着教育可以不讲原则，可以有所偏颇。学生各有特色，各有所长，其实"一刀切"反而意味着教育管理的不公正、不公平。根据学生的个性来教育学生，这正是公平公正管理的体现。比如，学校对不同学业水平的学生予以不同程度或方式的奖励，对不同学业表现的学生采取不同的激励措施，这就是个性化的因材施教的教育管理。

那么，这里进一步思考一下与学生发展有关的"偏科"问题，学生是否可以"偏科"呢？上述观点倾向于支持学生是可以"偏科"的，但是关键在于要区分清楚"偏科"是由学生的发展特点决定的，而不是人们主观故意为之的。客观来看，学生学业发展很难做到面面俱到，的确存在有些学生更适合学习某些学科，而更不适合学习另一些学科的情况，或者说，有些学生更喜欢某些学科，而不喜欢另外一些学科的情况。对此，我们不能称之为"偏"，而要尊重其个性发展特点。

3. 学生是系统的人：用系统的眼光看待学生

每位学生都不是简单、孤立的个体，每位学生都有自己的家人、朋友、邻里，都有自己不同的幼年、童年生活经历和体验。因此教师面对学生就必须用系统的眼光看待学生，看到学生所处的不同环境，尤其要看到与学生成长关系密切的家人，这对获得良好的学校教育效果有着重要意义。

每一个学生的心理特点都是系统因素作用的结果，与其先天遗传和后天环境有着密切的关系。每一个学生从出生的第一天开始就无时无刻不接受着各种环境的作用，其心理发展特点是社会、家庭、学校及自身等因素综合作用的结果。因此，当学生表现出一些心理问题时，教师往往不能简单地仅从学生的问题本身找原因，而应该看到学生背后往往可能隐含着许多综合的影响因素，从而系统地认识学生心理问题的原因。

比如，有个初三学生上课时不遵守课堂纪律，公然与教师对抗，表现得有些不尊重教师，这让教师感到有些莫名其妙。但是这可能隐含着一些其他层面的心理原因。教师需要弄明白真正的原因，学生为什么要"对抗"教师。学生问题的背后是否隐藏着没有预料的未知领域。对于这样处于青春期阶段的学生，是不是一些特殊原因，使得这个学生降低了自我调控，或许这个学生今天生病了，或许他与同学发生矛盾，或许他讨厌教师的讲课方式，或许他的家庭教育存在问题，或许就是出于自我表现或逆反心理，等等。因此，教师要全面系统地考查学生问题的系统原因，这样才能找到解决问题的关键所在。

系统地看待人，对人的发展具有积极作用。20 世纪 90 年代美国开始实施的"放学后计划"（After School Program）就是一种以系统眼光看待组织或企业员工，并基于此促进组织发展的一次十分积极而有效的尝试。它对教师教育学生也许会有一些积极的启示。以下加以介绍，希望能对教师们有借鉴意义。

相关资料："放学后计划"（After School Program）①

"放学后计划"是美国 20 世纪 90 年代开始实施的一项教育发展策略。这项计划是美国教育部和财政部以及美国企业共同实施的一个计划，针对由于工作或相关原因经常不能照看或者不能有规律地照看自己孩子的企业员工而制定的。这项计划旨在为放学后缺乏照料或缺少教育活动的青少年儿童提供教育支持，为学生提供更广泛的、有益的活动安排。

在越来越多的家庭中，父母都要去工作，"放学后计划"为他们的学龄孩子在放学以后的时间里提供了更安全、更有组织的学习机会，并且提供帮助孩子学习新技能的活动机会，帮助孩子们学习积极的方式，避免和解决行为问题与冲突，更好地成长。"放学后计划"涉及的活动包括技术、阅读、数学、科学和艺术等领域，它向孩子们提供了服务社区或实习的崭新的经验。这使得父母更安心、更努力地工作，从而为企业和社会创造更大的财富。

自从"放学后计划"实施以来，美国社会已经获得了极大的利益，美国政策制定者通过这项计划看到了解决大量社会和教育问题的机会。美国许多城市正在制定新的针对放学后时间的策略，并且美国有大量组织正在进行研究来支持这项计划。

放学后的时间对儿童青少年来讲是非常重要的，通过"放学后计划"，那些时间可能意味着更好地学习与成长。研究发现放学后的时间段是青少年犯罪和危险行为的高发时段，许多专家赞同"放学后计划"，因为它为儿童青少年提供了一种健康的、积极的选择，它使更多学生能够更安全、更努力完成他们的学业，同时，"放学后计划"也帮助工薪阶层的父母减轻工作加班时间难以照料自己孩子的压力。

研究表明，"放学后计划"对小学生和中学生都是非常有益的，尤其是初中和高中学生更是受益者，他们对未来发展有更高的期望和追求。许多政府机构和非营利组织已经把"放学后计划"作为一项儿童青少年的有价值的资源。

---

① 摘译自：http://www.safeyouth.org/scripts/facts/afterschool.asp

从以上三种学生观来看，能够做到以发展的、独特的、系统的眼光看待学生，这对教师来讲是何等的不易，但是它对学生发展又是何等的重要。反过来思考，如果学校教师不具备科学合理的学生观，不能积极地看待学生，那么教师与学生之间的沟通自然也就无从说起，学生如何能够获得良好发展呢？

总之，教师要关注学生的发展，尤其关注学生的心理发展和学业发展，树立科学合理的学生观，充分认识学生的心理发展规律及可能产生的问题，通过积极的指导和帮助，有效地促进学生获得良好的发展。

自我提升　塑造积极的自我，提升思维境界

> 人生就是一面镜子，
> 在镜子中认识自己，
> 我要称之为头等大事，
> 哪怕随后就离开人世。
>
> ——尼采的小诗《人生》

与学生良好的沟通，教师要拥有开放的思维。实施学校教育教学活动，教师要拥有开放的思维。从教师自我发展来看，教师更需要拥有开放的思维。

良好的自我认知是人们表现出良好行为的重要基础。人对自我的认识是人一生都在努力去做的事情。为了获得发展与收获，人们必须认识自我、悦纳自我和发展自我。如果一个人能正确地认识自我，就意味着他能够调控自己的成功与失败、痛苦与快乐；如果一个人能悦纳自我，就意味着他可以积极地看待自己，可以重建自己的生活；如果一个人能够不断地发展自我，就意味着他的生活在不断发生积极的改变，不断让心灵的空间变得更自由。

每一位教师都可以拥有一把决定自己命运的钥匙，这把钥匙可以打开教师自身发展的潜能之门，从而使平凡的教育工作中蕴含着力量与创造，让每一位教师的生命和事业变得更加精彩，更加绚烂。

一、认识自我

当我们不问自己是谁的时候，也许我们都清楚自己是谁，而当我们想要知道自己是谁的时候，我们却发现自己并不知道自己是谁。其实，正如前面提出的教师的学生观一样，每位教师也有着"教师观"。不管教师是否意识到，在每一位教师的心灵深处都有一幅关于"自己是什么样的人"的自画像，虽然它可能不够清晰，但是这幅自画像详细地描绘着自己作为教师的各个方面，而且教师总是会让自己的表现与自己所描绘的画像相一致。

一个人的自画像，是由他对自己的认识和各种信念所塑造而成的，大部分是从他过去的成功与失败、他人对自己的评价或态度，以及以往各种体验所形成。一个总是失败的人很容易相信自己永远就是失败者，而一个总是成功的人倾向于认为成功是必然的，而且人们会对这类观念或信念深信不疑，并按照它去行事。

其实，我们每一个人都努力使自己表现出的情感、行为以及成就与自画像相吻合。如果一个人认为自己是"注定失败的人"，那么他就会找尽借口、想尽办法去失败，而不去理会自己良好的愿望、很强的能力，甚至是天赐的良机。如果一个人认为自己是"注定成功的人"，那么他也会努力证明自己的成功。

每一位教师的"自画像"都是他实施每一次教育教学行为的一个前提、根据、基础，它或许是合理的，或许是不合理的，但是继之而来的经历和体验总是会不断证实和加强教师们对自己的认识。因此，教师有必要时常审视一下自己的"自画像"，让它变得更为合理、更为积极。

对策与建议：

1. 发现错误的自我认识

如果教师在教育教学过程中正体验着某种失败或不如意，那么不妨检查一下自己对自己是否存在一些消极或错误认识。找出长期以来自己在内心深处积累的对自己的不正确的看法。现在就开始，开始着手改变对自己的认识，按照心中的希望和期待，为自己画一幅美丽的"自画像"。

2. 积极地自我暗示——"我能成功"

推翻那些不正确的自我认识，激发自己的成就动机。心理学研究表明，适度的成就动机有助于人获得最高的活动效率。用肯定话语告诉自己："我能成功"，"只要我努力，我必定会成功"，等等。每天早上起床之后，在心里告诉自己："美好的一天开始了，生活需要奋斗，我能成功。"

看一看下面图11中的小猫在镜子中看到了什么？所谓"自负者有救，而自卑者没救"，虽然我们并不鼓励自负，但我们更需要认识到自卑往往是没有出路的。

事实上，积极自我暗示的力量是非常强大的。我曾无意中做过这样一个"实验"：一天，有一位想开夜车学习的同学问我有没有能让人晚上比较精神饱满的药，我随口说有，就拿了两片安眠药给他，还强调这是最新的让人头脑清醒而又兴奋的药，他很高兴地拿着药走了。

图11 自信的小猫

我本想与他开个玩笑，可第二天一大早他就来找我，兴奋地对我说："你的药真是太好了，我昨晚学习了一整夜现在还是非常精神"。我为此深感惊讶，也许当人相信某一事物时，一定会在他的身上发生一些奇妙的事情。事实上，心理学有研究表明，当人们深信所服用的药是真正有用的良药时，将有助于其病症治愈，而不管所服的药是否真的有效。

二、悦纳自我

认识自我，也要悦纳自我。真正做到接纳自己，还要愉悦地接纳自己，并不是一件容易的事情。正如人们所言，人生最难的一种推销就是向自己推销自己。

对于教师而言，要接纳自我，就是建立一种对教师职业的认同和承诺。首先不必有过多抱怨。虽然，抱怨算是试图理解周围的人或环境的一种努力，但是过多地抱怨他人或环境却是自我否定的一种表现，是对自己的不接纳。抱怨过多往往会影响人的情绪，使人在感叹环境不良、生不逢时的泥潭中越陷越深，甚至可能忽视了自己的存在，忽视了自我的潜力，减弱了前进的动力。抱怨有时反映出人们希望改变环境、获得发展的愿望，但是抱怨往往无济于事，它既不能使环境发生改变，也不能令自我获得发展。

有两方面的选择也许最为明智：一方面是人们需要对环境表示接纳和理解，虽然这并不等于赞同，但是人们却可以从内心改变对环境的态度；另一方面是人们改变方式或策略，更加努力去改变外界环境。这两种方式并不矛盾，它们都表示人们需要接纳自我的现状，并通过做点儿什么来加以改变。

比如，教师希望获得更好的专业发展，但是学校的现实情况并不尽如人意，缺乏培训机会，缺少人际支持，常常事与愿违，那么教师该怎么办呢？教师需要接纳自我：一方面要接纳自己的学校现实；另一方面要调整或改变自我发展策略，寻找新的发展途径，不断努力。

因为每一位教师都应是自己的主宰，完全有能力和信念把握自己的努力与奋斗，每一位教师都可以引导自己积极地看待学校发展环境。其实，不利的发展环境未必对人的发展不利，逆境往往能让人变得更坚强，往往能培养更优秀的人才。因此，教师不能因学校教育环境或学生问题而不接纳自我，或者让自己泄气；相反，教师应让这些因素成为促使自己加倍努力的动力源泉。教师必须相信自己，相信自己能够取得成功，相信自己能够获得发展，相信自己能够在学生发展过程中发挥重要的作用。

对策与建议："想象成功的样子"

很难相信一个总是认为自己注定要失败的人，能获得成功。其实人们有许多事情做不到，并不是真的没有能力做到，而是自己认为自己做不到，这导致人们并不为之努力，于是就真的做不到了，这似乎反过来证明了人们之前的"正确"判断。

因此，为了获得事业的发展和成功，教师可以尝试着做一下想象训练，想象自己成功的样子。

比如，教师可以舒适地坐在沙发上或躺在床上，静静地想象自己所希望获得的成功，想象成功的情境和画面，想象自己获得成功的样子，想象自己成功地做着自己以前做不到的事情。

这对教师调节自我的心态具有非常积极的作用，不妨尝试一下，这非常有助于教师在现实情境中真正获得成功的体验。

三、发展自我

人生不能没有目标，没有目标的人生，就像一叶无人驾驶的小舟，漫无目标地随风飘荡。人的行为往往是内在激励或外在激励相互作用的结果，人自我设定的目标既是一种重要的内在激励，也是一种外在激励，它促使人不断努力以满足某种需要。

每一位教师都有自己的奋斗目标，但是有些时候我们的奋斗目标可能过于模糊，这往往淡化了我们对未来发展的希望、进取精神，也可能扼杀了本应实现的事业成就。模糊的发展目标还可能会使得我们在面对问题时显得犹豫不决、彷徨无助。

因此，人生及事业发展最好有长远目标，这个长远目标可以说就是人生的志向或理想。有了志向或理想，我们就不会为眼前的微小得失所迷失，也不会为暂时的挫折所困惑。

当然，当我们确立了目标之后，就要去行动。我们有时无法实现目标，并不是因为目标高不可攀，而是因为我们缺乏努力或者总是不断降低自己的努力，不去改善和加强自己的行动。因此，我们可以沿着成功之路为了目标不断改变计划，而不必轻易改变目标和降低努力。

对策与建议：

1. 制订自我发展计划

作为一位教育工作者，如果你对自己的现在和将来的发展缺乏明确的计划，那么现在不妨就给自己制订一个自我发展的计划。至少可以考虑一下在未来的三到五年想做的事情，想实现的目标，如何可以实现这些目标等，然后为之努力。目标与努力之间达成一定平衡，人们就会获得积极的心态。

2. 建立合理的期待

心理学研究表明，人的动机与做事效率之间存在一定规律（如图 12 所示）。

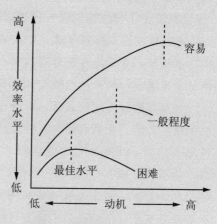

图 12　动机与效率的关系

当面对容易的任务时，动机强一些，工作效率则高一些；当面对一般难度的任务时，动机适中一些，则工作效率高一些；当面对困难的任务时，动机低一些，则工作效率高一些。简单而言，一个人如果面对的任务非常困难，那么他对此就不必有过高的期望，期望过高可能导致对事物的关注偏差，反而降低效率。因此，建立合理的期待对一个人取得最佳的工作效率具有重要意义。

比如，有一位中学教师曾与我讨论如何"改造"班里的一个学生。他告诉我，他新接手了一个班，这个班里有个学生叫"滚刀肉"，以前教师们运用各种教育方法，这个学生都软硬不吃。这位教师信心十足地打算一个月内"改造"这个学生。当我了解了学生的情况后，我建议这位教师不必着急，多给自己一些时间，甚至可以考虑放弃"改造"的想法，否则一个月后等待他的可能是失望。我发现这个学生的问题与他的家庭背景有关系，于是我建议这位教师，除非能把这个学生整天在外打麻将、夜不归宿的父母找回家，除非能引导父母多关爱这个孩子，否则，一个月的"改造"计划就难以实现。

拓展案例 **学生在课堂上玩游戏机怎么办?**

【案例11】学生在课堂上玩游戏机怎么办?

有一位中学教师在上课时,发现有个学生,在专注地玩游戏机。学生玩得很投入,甚至没有注意到教师已经走到自己的身边。学生突然发现教师站在身边了,就立即把游戏机收了起来,脸上显得有些不好意思。

教师本想当场批评教育,但冷静了一下,并没有进一步处理,而是继续上课。之后,这位教师与我聊天时说起这件事情,向我咨询:"这个问题该怎么办?"这位教师也认为学校的这个"问题"并不复杂,但让他深感困惑,管与不管好像都很棘手。

我没有直接回答这位教师的问题,我并不了解这名学生的情况,这个小事件的确是一个难以简单回答的问题。于是,我问教师:"这个学生的学业表现如何?"教师表示:"我所教的这门课,这个学生学得不错。"我建议这位教师,如果不能确定这个学生是否掌握课堂所教的内容,就不妨先与学生沟通一下,了解一下学生对教学内容的掌握情况,给学生一些建议,引导学生处理好上课听讲与玩游戏的关系。

我想这也许是问题的关键吧,如果这名学生对教师所讲的内容已经有所掌握,那么教师不妨多关注其他学生的学习状况,如果这名学生对教师所讲的内容没有掌握,那么教师首先需要做的不是制止学生打游戏机,而是努力改进自身的课堂教学方式,提高学生的学习兴趣。简单制止学生打游戏机的行为,与学生是否能投入地学习之间并没有必然联系,反而可能引发学生的逆反。

一、以开放的思维处理学生问题

教师每天都会面对各种各样的学生发展问题,尤其是经常面对课堂教学过程中的学生问题。教师在考虑学生发展方面的问题时,需要有开放的思维,不应被问题的表象所束缚,需要从问题的表面深入到问题的关键，抓住问题的主线或核心。

教师教育学生，真正要教育的是学生的心灵，是学生从内心深处接受教师的教育，而不仅仅是"形"，更重要的是"神"，所谓形神兼备。比如，一个班级的学生可以端端正正地坐在教室里听课，但是，他们的心是不是也在课堂上，这就更为重要了。

在案例 11 中，学生打游戏机应该说是一个表面的问题，教师要思考更深层的问题，即这个学生是否有积极的学习心态，是否有学习兴趣，是否喜欢教师所教的这门课程。如果这个学生缺乏学习兴趣，不喜欢教师所教的这门课程，那么，教师制止他打游戏机又有什么意义呢？如果他端端正正地坐在教室里发呆，教师又该如何对待他呢？

反过来思考，如果一个学生的学业问题多多，那么即便他没有在课堂上玩游戏机，即使他端正地坐在教室里，那么教师也要关注他的学业问题，多与他沟通，寻找问题的原因，帮助学生的学业获得良好发展。

因此，教师在课堂上发现学生玩游戏机，这个问题的关键并不在于玩游戏机本身，而是学生的学业表现是否合格。试想，如果教师一味地制止学生在课堂上玩游戏机的行为，而忽视问题的关键，那么学生就可能采取"上有政策，下有对策"的策略来回应教师，比如，学生不玩游戏机，却以更为隐蔽的方式上课"开小差"。

教师开放的思维是师生沟通的心理前提。拥有开放思维的教师在进行教育教学与学生管理时，以战略眼光来看待学生，讲究"攻"心为上，真正关注学生的心理特点与需求，关心学生的发展。在面对学生各种教育教学问题时，教师能够及时调整教育管理思路和策略，选择切实有效的教育教学方式，帮助学生解决问题。拥有开放思维的教师，对学生的管理不在于"口服心不服"，而在于"口服心也服"。当然，这里的"服"指的是佩服，而不是被动地服从。

二、自我觉醒的训练

开放的思维，积极的自我，有助于教师与学生之间实现有效沟通。为了进一步认识自我、悦纳自我和发展自我，我们可以做一个心理小测试：自我觉醒的训练，让我们更清晰地认识自己的优势与不足，更好地悦纳自我和发展自我。

心理小测试 F　自我觉醒的训练

我们要正确地看待自我，设立自我发展目标，不断改善自我，才能不断地迈向成功的彼岸。请结合自己的学校教育教学工作，完成下面两部分内容，它们可能有助于我们更清晰地认识自我，认识自己的教育教学工作。

第一部分：关于缺点的自我认识与理解
请先完成以下十个句子，再看本书后面的分析与解释。

1. 当前学校教育中，我担心的事情是（　　）。

2. 当前我不可回避的一件事情是（　　）。

3. 对我来说因担心教育教学失败而困惑的事情是（　　）。

4. 面对师生关系，我最困惑的自身问题是（　　）。

5. 作为学校教育工作者，我感到最不喜欢自我的方面是（　　）。

6. 课堂教学中，令我最感棘手的人是（　　）。

7. 学生们认为我的缺点可能是（　　）。

8. 令我难以称心如意的一件事情是（　　）。

9. 可能的话我想改掉的缺点是（　　）。

10. 想一想，我当前最困惑的问题是（　　）。

第二部分：关于优点的自我认识与理解
请先完成以下十个句子，再看本书后面的分析与解释。

1. 学校教育中，我值得自豪的事情是（　　）。

2. 在学生们看来我的优点可能是（　　）。

3. 为了学生更好发展，我竭尽全力做的事情是（　　）。

4. 人们称赞我的一件事情是（　　）。

5. 我自己实际做过的、感到很自豪的一件大事是（　　）。

6. 我感到值得自己引以为荣的是（　　）。

7. 与去年相比，今年感到自己有所进步的是（ ）。

8. 我克服过一个比较大的教育教学困难是（ ）。

9. 在现在的学校教育工作中，我的目标是（ ）。

10. 我感到自己对学生或学校发展的作用表现在（ ）。

（这两部分的"答案"请见本书最后的"附录：心理小测试答案"。）

第六章　尊重学生

　　——尊重学生就是对学生的接纳，它是有效师生沟通的心理前提，它有助于教师与学生之间建起沟通的平台，为实现有效沟通做准备。没有尊重就没有真正的沟通可言。

　　"我今天就尊重你！"

> **【案例12】"我今天就尊重你！"**
>
> 　　这个案例是发生在一个家长与孩子之间的事情。有一次，我去一所学校调研，一位学生的母亲找我咨询她孩子的问题。她告诉我，她的孩子上高一了，但是最近变得越来越不听话，经常反驳大人的话，做事总是与大人对着干，而且孩子的头脑中经常有一些怪想法，行为似乎也有些异常，让大人难以接受。
>
> 　　听了这位母亲的叙述后，我感到孩子其实没有什么"异常"，孩子所谓的"怪想法"其实是其心理发展过程中随着心理不断成熟而出现的逆反。这是孩子为了证明自我存在的价值而"寻找自我"的表现。
>
> 　　这位母亲把它视为严重的"问题"，但我想那真的不是那么严重。于是，我建议母亲对孩子少一些责备、批评，要尊重孩子，尊重孩子的想法和行为，尊重是良好亲子沟通的保障。我感到这位母亲似乎明白了我的意思。
>
> 　　过了一个星期，这位母亲带她的孩子一起来找我，想让我给她的孩子现场"诊断"一下。我再次向这位母亲建议要尊重孩子的"怪想法"的时候，这位母亲站了起来，板着脸，用手指着她的孩子，严厉地对孩子呵斥

98

道："你给我听着，老师说了，让我尊重你。好！我今天就尊重你，你给老师说说你心里到底怎么想的。"

看到这一幕，我在一旁感到很惊讶。"我今天就尊重你"，这也许就是这位母亲认为的尊重，但是从母亲命令式的态度和行为方式可以看出她并没有给孩子足够的尊重。母亲对孩子的尊重只是停留在口头上，这并不是真正对孩子的尊重，在母亲的思想深处，她可能还是把孩子视为服从者，把自己视为孩子的控制者。我想孩子从母亲的话语中感受到的恐怕也不是尊重。

那么什么是尊重呢？对于教师而言，在教育引导学生的过程中，是否也有类似的一幕出现呢？

分析与讨论　尊重的内涵

想一想，在学校教育过程中，教师与学生之间是不是也存在这种情况呢？比如，教师口头上向学生表示"我尊重你""我尊重你的想法""我尊重你的建议"等，但是教师内心却不真正尊重学生的想法，也不真正接纳学生的观点，甚至教师内心可能认为学生的想法或建议是无稽之谈，不可理喻，那么，这种口头的尊重会让学生感受到被尊重吗？这种尊重下的师生沟通会有成效吗？

高质量的学生管理往往建立在有效的师生沟通基础之上，教师再伟大的思想和情感也需要与学生有效沟通才能闪烁光芒。在学校教育中，教师与学生之间的有效沟通是提高教师教育教学效率的决定因素之一。教师通过有效沟通，可以准确地向学生传递信息，调控学生的学业行为，激励学生努力学习，而教师尊重学生是师生有效沟通的一个重要心理前提。

一、尊重是人的基本需要

美国心理学家马斯洛（Abraham H. Maslow）提出的需求层次论是应

用比较广泛的需要理论和组织激励理论。马斯洛认为人有一系列复杂的需要，按其优先次序可以排成梯式的层次，它们主要包括生理需要、安全需要、归属与爱的需要、尊重需要和自我实现需要五类，依次由较低层次到较高层次（见图13）。后来，马斯洛在尊重需要与自我实现需要之间补充了两个需要，即"求知需要"和"求美需要"。

图13　马斯洛的需要层次论

马斯洛的需要层次论对人的需要及其发展做出了解释，它主要包括四点基本假设：

➤马斯洛认为已经满足的需求，不再是激励因素。人们总是在力图满足某种需求，一旦一种需求得到满足，就会有另一种更高层次的需要取而代之。

➤大多数人的需要结构很复杂，人们可能同时追求多种需要的满足，而且在任何时候，都有多种需要影响着人们的行为。

➤一般来说，只有较低层次的需要在一定程度上得到满足之后，较高层次的需要才会有足够的活力驱动行为，表现出来。

➤较高层次的需要对人的发展更为重要，满足较低层次需要的途径比较简单，而满足较高层次的需要的途径更为复杂。

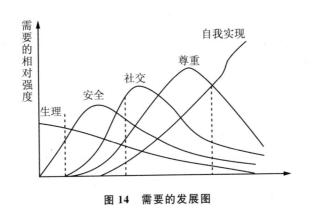

图 14　需要的发展图

其中，"尊重需要"是人的基本需要，它既包括对成就或自我价值的个人感觉，也包括他人对自己的认可与接纳。我们希望别人尊重我们，就是希望别人按照我们的实际情况来认识我们、接受我们，并认可我们的能力和胜任力。

对于学生而言，尊重也是学生的一种基本需要。每一个学生都需要得到教师的尊重，每一个学生都希望得到教师的关注、认可与欣赏。如果学生从教师的话语或行为中感受到不被尊重，那么学生很可能就把与教师沟通的大门关闭起来，表面上看，教师与学生仍然在沟通，但是那已经不是实质意义上的沟通了。因此，教师与学生之间沟通的平台如果没有建立起来，教师就可能难以了解学生的所思所想，难以了解学生心理发展状态，难以建立富有实效的师生关系，实现有效教育教学。

尤其，对小学四年级以上的学生而言，随着他们的抽象思维水平不断提升，他们开始从教师的深层理念和方式来感受教师对自己的尊重，对于中学生更是如此，因此，教师对学生的尊重不应是表面上的尊重，而应是实质上的尊重。

二、尊重学生的意义

1. 尊重是建立良好师生交往的基础

教师开展良好的学校教育教学和班级管理，离不开学生的积极参与和配合。教师培养好学生也离不开教师与学生的心理沟通。教师有必要与学生建立起民主、平等的人际关系，形成积极的、良好的人际交往，而教师对学生的尊重是建立这种良好师生交往、形成有效师生沟通的基础。

2. 尊重使学生感受到平等、安全的氛围

教师作为学校教育者，虽然处于教育教学与管理的角色和地位，其思维境界要高于学生，但是在人格上，教师与学生是平等的。教师与学生之间的心理沟通正是建立在人格平等、相互尊重的基础之上。学校教育的根本目的在于促进学生良好发展，教师对学生的尊重可以使学生感受到平等、安全的积极氛围，从而有助于教师与学生之间建立有效沟通，这对学校实施有效教育以促进学生发展具有重要作用。

3. 尊重使学生感到被接纳，获得自我价值感

教师对学生的尊重可以使学生感受到自己在学校或班级里是重要的，感受到自己对学校或班级良好发展的重要作用，从而体验到自己作为学校或班级一员的价值感，这也有助于激发学生产生自我价值感。当教师从内心里尊重学生时，当教师对学生的尊重使学生体会到自我价值感时，学生就会形成一种积极主动的心理状态，这将对学生的学习与发展产生积极的影响。

 尊重是内心的接纳

一、尊重学生就是接纳学生

每一位教师都对学生有师爱，希望学生都能发展好，但是，如果教师对学生的师爱过于感性，而缺乏理性，那么面对学生的问题或错误，就可能不予接纳，而缺乏尊重。

比如，有一位教师在办公室批改作业，当看到有个学生又做错题了，就气愤地感叹道："上课都讲了一百遍了，这个学生还是要做错。"于是教师把学生叫到办公室想与学生谈谈，但是这位教师与学生之间的沟通是单向的，学生很少说话，基本上都是教师在严厉地批评学生，所谓

"爱之深，恨之切"。

　　教师希望学生的作业没有错误，这本身没有什么不对，但是教师为学生做错作业而气愤发火，就是一种不接纳学生现状的表现，然而，客观现实是不同学生的学业能力客观上存在着差异。学生的学业能力本身有水平或类型的差异，因此有的学生做错作业，应该予以接纳，而不必为之发火或气愤。教师应尊重学生，接纳学业的学业现状，找一找学生做错作业题的原因，想办法帮助学生做对作业题，这也许是教师真正应该更多关心的事情。

　　而这位教师找学生来办公室，重点在于批评学生，而不在于接纳学生的问题，这样与学生的沟通就是一种消极而低效的沟通，因为从一开始，教师就没有接纳学生的现状，就缺少了对学生的尊重，这样的沟通很难有实效。因此，这个基于尊重的沟通平台需要教师来建构，其中关键在于接纳学生。

　　简单地讲，尊重的本质含义就是对他人的接纳。教师尊重学生就是接纳学生，它包括接纳学生的发展现状以及其价值观、人格和权益，并予以充分关注。

　　每一位学生都是学校和班级的重要成员，不管其能力如何，行为表现如何，处于何种发展状态，教师都需要接纳学生。只有接纳学生，教师与学生才可能走到同一个沟通交流的平台上，教师才可能真正了解学生，了解学生发展的优势与不足，了解影响学生发展的各种相关因素，才能从根本上改善学生的学业，促进学生全面发展。

　　对学校或班级的学生而言，教师尊重学生，就是要尊重全体学生，具体表现在：既要尊重学习成绩好的学生，也要尊重学习成绩不好的学生；既要尊重人际交往好的学生，也要尊重受到孤立或不合群的学生；既要尊重遵守纪律或规则的学生，也要尊重犯错误的学生；既要尊重与教师意见一致的学生，也要尊重与教师意见不一致的学生；既要尊重那些尊重教师的学生，也要尊重那些不尊重教师的学生。

　　有的教师可能会这样想：学生都不尊重教师，教师为什么还要尊重学生呢？这正是教育的目的所在。学生之所以成为受教育者，正是因为他们有不懂的、不会的、不成熟的方面；教师之所以成为教育者，正是因为他们有懂的、会的、成熟的方面。教育的目标就是教育学生学会学习、学会做事、学会做人，这其中也包括学生要在受教育的过程中学会尊重他人（当然，家庭教育中，尤其是孩子早期成长过程中，家长教育孩子学会尊重他人也是非常重要的）。在学校教育中，教师对学生的尊重，这本身就是对学生的一种教化，就是要教学生学会尊重他人，即使有的学生现在可能还不懂得尊重他人。

> 教师要尊重全体学生：
> ➢ 尊重学业水平不高的学生；
> ➢ 尊重受到孤立或被拒绝的学生；
> ➢ 尊重有过错的学生；
> ➢ 尊重有严重缺点的学生；
> ➢ 尊重和自己意见不一致的学生；
> ➢ 尊重不尊重自己的学生；
> ......

二、尊重不能停留在口头上

俗话说："说起来容易，做起来难。"如果问教师"你尊重学生吗？"相信每一位教师都会毫不犹豫地回答："是的，我尊重学生。"然而每个人对尊重内涵的理解却可能各不相同。许多教师对学生的尊重是表里如一的，而有的教师对学生的尊重可能仅仅停留在口头上。因为在口头上说"尊重学生"是一回事，而实质上会不会尊重学生可能又是另一回事，因此，真正尊重学生需要教师认识到尊重的实质，认识到教育本身的价值和意义。

尊重不仅表达在口头上，更重要的是尊重是内心的一种态度和认识。告诉别人说"我尊重你"，那么是否真的尊重，也要看话语的态度以及相应的行为，因为真正的尊重是通过行为传递的。这里打个比方，一个人找另一个寻求帮助说："我总是容易焦虑，怎么办？"于是另一个人告诉他："你不要焦虑，你要学会放松。"表面看来，这话没有问题，但是，仔细想来，有些矛盾。这个人提出的问题是感到焦虑，如果仅仅在口头上告诉他"不要焦虑"，这肯定是不够的。如果人们能够"不焦虑"，他就不用去找别人寻求帮助了。因此，与其告诉这个人"不焦虑"，不如给他实质性的指导和建议，比如，引导他做深呼吸训练或学习使用认知调节技术等方法，帮助他摆脱焦虑，学会放松。

尊重学生也是如此，它不仅是通过口头言语说出来的，更是通过内心的态度和真实的行为表现出来的。许多时候，教师对学生说话时的声调、语气以及教师的行为方式都更能使学生清晰地感受到被尊重，还是不被尊重。

三、尊重是无条件的

正如人本主义心理学家卡尔·罗杰斯（Carl Ransom Rogers）曾指出的那样："尊重是无条件的。"人与人生来是平等的，应相互尊重。每一个人都需要尊重他人，也有被尊重的基本权利。

教师作为学校教育者和管理者，需要尊重学生，这是建立良好师生人际沟通的前提条件。正如前面提到的，尊重学生的内涵在于教师要尊重学生的现状以及学生的价值观、人格和权益，并予以充分地接纳和关注，教师对学生的这种尊重也是无条件的。

人与人的相互尊重是无条件的，教师尊重学生也如此。因此，当教师面对一个不尊重自己的学生时，教师也应尊重这个学生。因为尊重是无条件的，更因为教师是学校的教育者，教师要能站在比学生更高的位置上来把握学生的发展。退一步讲，学生是处于发展中的人，尊重他人正是他们要学习的一项内容，特别地，由于思维水平正处于发展中，学生们时常难以从教师的角度来认识和思考问题，而教师作为思维发展成熟的教育者，应当更容易站在学生的角度来看待问题，因此教师应该尊重学生。

当然，学生也要尊重教师，要学会尊重他人。如果学生不懂得尊重教师，那么这正是教师要予以教育和引导的，教师要以自己对学生的尊重来引导学生学会尊重他人。

四、尊重不等于赞同

有的教师也许会问：学生明明犯了错误，还要向学生表示尊重，这不是无视学生的错误吗？这就对尊重内涵的认识有些误解了。

尊重一个人当然不等于赞同或支持这个人的某种错误行为。正如在本章开始的案例 12 中，妈妈可以不赞同孩子的"异常"观点或想法，也完全可以对孩子的行为表现提出异议，但是妈妈一定要尊重孩子，这才是与孩子沟通，从而改变孩子的前提，所以尊重不等于赞同。

正如交通警察拦下违章司机后所做的第一件事，往往是认真地向违章司机敬个礼，表示尊重，然后再加以处理，对违章行为实施相应的管理处罚。虽然交通警察管理违章司机的情境与教师处理学生问题的情境有很大不同，但是尊重是一致的，尊重所起到的作用是相同的。

尊重一个人，接纳一个人，不等于听之任之，不等于赞同。教师完全有理由不赞同或反对学生的错误观点、想法或行为，但是教师必须尊重学生。只有在尊重学生的前提下，学生才能与教师相互沟通，才可能真正接受教师提出的建议和意见，教师才有可能真正解决学生出现的问题或错误。因此，教师为了解决学生的问题，为了教育学生，需要做的一件重要的事情就是尊重学生，一切的教育行为都要建立在尊重的基础之上。

 尊重是自我实现的前提

一、尊重是自我实现需要的前提

尊重与自我实现的需要是马斯洛需要层次理论中较高层次的两种需要。在马斯洛看来，自我实现需要是人生最高层次的需要。自我实现需要的满足就是要获得自我实现，或者说是充分发挥人的潜能。但是一个高一级层次需要的出现是以低一级层次需要的满足为前提的，因此如果一个人的尊重需要缺乏满足，那么他是难以产生自我实现需要的。

下面是 2005 年 9 月的教师节前夕，新浪网针对全国教师进行的一次网络调查中的一个问题："您最希望从教师这份职业中得到什么？"

表 6　教师最希望从自身职业中得到什么

选项	比例	人数（2719）
高收入福利	31.62%	860
学生的尊敬和爱戴	26.81%	729
社会的认同和荣誉	24.63%	670
自我实现	16.94%	460

可以看到，仅有 16.94% 的教师选择了"自我实现"，而有 31.62% 的教师希望从教师这一职业中得到"高收入福利"。这种现象说明一部分教师并没有把自我实现作为自身职业发展的主要目标，但是更为重要的是，这种现象从侧面反映出目前在一定程度上，教师的基本物质需求和精神需求还没有得到满足或实现。比如，就尊重而言，教师不被尊重的情况在当前社会中并不少见，所谓"尊师重教"还有必要真正落到实处。

因此，教师有必要给予自己充分的尊重，激发自我潜能，从而在教育教学工作中努力实现自我，实现人生价值。就学校教育而言，教师要尊重学生，并培养学生对教师的尊重，从而实现有效的师生心理沟通，取得良好的教育效果。

二、尊重是实现学校教育目标的前提

教师是学校人力资源的核心力量，学校发展需要依靠教师来实现。学校教育的目标在于实现学生的良好发展，教师是促进学生发展和提升学校管理效率的关键人物。因此，一方面，教师要确立尊重学生的基本心态，确立以学生发展为学校教育发展之本的教育理念；另一方面，学校管理者也要确立尊重教师的基本管理心态，确立以教师发展为学校管理之本的管理理念。

学校教育教学改革要改变那些忽视教师和学生权益的教育教学模式和管理模式，既要以学生为本，尊重学生的发展需要，使学生获得良好的发展，也要以教师为本，尊重教师的发展需要，尊重和关注教师多方面的、多层次的物质和精神需求。这是教师与学生之间心理沟通的基本保障。

从根本上说，人发展的最根本的动力在于内在动力，促进人发展的最好方式是自我激励，自己促进自己发展。因此在现实的学校教育中，教师要尊重学生发展的内在动力，避免采取居高临下的、"高压"式的教育管理方式来对待学生，要尊重学生的心理发展需求，真正促进学生发展，实现学校教育目标。

 拓展案例　"推门课"的门可以随便推吗？

【案例13】"推门课"的门可以随便推吗？

有一次我去一所学校做课题调研，我向校长提出是否可以听几节课，校长欣然同意了，说："现在就可以去听"。我有点儿纳闷，几分钟前已经打上课铃了，学生们都已经在教室里开始上课了，怎么进教室去听课呢？校长对我说："没有关系，我们学校正在实行'推门课'，我们可以随时进教室去听课，这是学校的规定。"

于是，我随机选了一个班级，校长表示没有问题。我也想看一看这所学校的"推门课"的门到底是如何推的。校长从办公桌上拿了一个听课记录本，带着我往准备听课的教室走去。这时每个教室里教师们已经开始上课了，校长带着我来到一个教室的后门，直接把门推开，走了进去。在教室的后面我们找了两个凳子坐下。

我们的到来，使得学生不约而同地扭过头来往教室后面看，许多学生一直看着我们坐下才转回头去，正在上课的教师也不得不停止讲课看着我们，教师对此似乎并不感到惊讶。

这时校长并没有与那位上课的教师说话，只是暗示教师继续上课。那时，我看到那位教师表情有些凝重地站在讲台上的样子，我的心里有些忐忑不安，觉得这样进入教室有些不尊重人家教师了。校长似乎看出我的心思，小声对我说："没有关系，教师们都很习惯。"

　　然而，那位教师并没有继续上课，而是叫前排的一位学生去教师办公室取作业本，然后平静地对坐在教室后面的校长说："校长，不好意思，今天是作业分析课，您看您还听吗？"校长一听是作业分析课，就对教师摆手示意"不听了"，然后对我说："作业分析课就不听了，咱们再换个教室去听。"

　　我不能确定那位教师是否有意回避校长来听课，但是有一个问题值得思考：我们的学校教育与管理是否缺少了尊重？

　　教师应该获得充分的尊重，校长作为学校最重要的管理者，应该给予教师充分的尊重。校长去听课主要是为了通过深入课堂了解教师的课堂教学状况，帮助教师发现教学中存在的问题，引导教师分析教学理念和方式中存在的问题，对教师的教学做出指导，使教师树立教学信心，为教师的专业发展增添动力。然而，案例13中"推门课"的门并不能随便推啊！校长对教师是否已经开始上课无所顾忌，就是对教师的不尊重，它不仅会影响课堂上学生的注意力，而且干扰教师的教学思路。如果教师感受到这种不尊重，那么势必影响学校管理效率。

　　目前"推门课"这种说法在许多学校都存在，但是不管这个"门"是如何推的，它需要以尊重教师为前提，否则随意"推门"容易让教师感到不被尊重，这不仅不利于改进教师的教学，而且可能使教师对学校管理产生反感或逆反，甚至产生消极对抗的情绪，给校长今后管理教师带来隐患。如果校长可以不尊重教师，那么教师是不是也可以不尊重学生呢？这两者之间似乎有着必然的联系。我们希望校长也尊重教师，对此在已经出版的《校长与教师的心理沟通》一书中，给校长提出了一些管理建议，这里不多赘述。

　　尊重是每一个人的需要。正如校长需要把教师放在一个重要的位置上一样，教师也需要把学生放在一个重要的位置上。但是令人遗憾的是，传统社会中"君君、臣臣、父父、子子"的管理理念，在当前的社会中仍然可以看到它的影子。在当前的教育中，包括家庭教育和学校教育，教育者对受教育者、管理者对被管理者缺乏基本尊重的情况仍不少见。

当管理者以不尊重的方式对待被管理者时，被管理者也在潜移默化地学会这种不尊重的管理方式。当被管理者将来成为管理者时，他就可能自觉不自觉地以不尊重的方式对待被管理者。父母对待孩子如此，教师对待学生也如此，校长对待教师也如此。

因此，对教师而言，一定要明确学生作为受教育者在教师心目中的位置，要认识到学校的根本发展目标在于学生的发展，没有学生的发展就没有学校教育存在的价值，而学生发展的一个重要内容就是学会尊重，我们希望学生学会尊重教师，学会尊重父母，学会尊重社会，等等。这对于学校教育而言，正是需要依靠教师尊重学生，依靠学生在感受到教师尊重的过程中来实现的。教师给学生以尊重，让学生感受到教师对自己的重视，让学生体验到自己是学校的重要一份子。教师对学生的尊重往往蕴含在教师对待学生的一言一行、点滴积累之中。

对学校管理者而言，一定要明确教师在学校发展中的重要位置，给予教师充分的尊重。学校管理者对教师的尊重也蕴含于他们对教师的一言一行、点滴积累之中。

第七章　理解学生

　　——理解就是换位思考，是体验别人的内心世界，有如自己的内心世界一般。教师对学生的理解也是如此。

 教师如何向学生传达理解？

【案例14】教师如何向学生传达理解？

　　某初三女生暗暗喜欢高中年级的一个男生，觉得这个男生非常英俊潇洒，于是经常把自己的爱慕之情写在日记里。由于她性格内向，不善言辞，因此一个学期以来，没有机会与这个男生说一句话。

　　有一天下午，这个女生经过男生班级的教室门口，看见教室里面空无一人，她知道男生班级的同学去上室外课了。这时，一个念头突然产生在她的脑海中，她想看一看男生是否写日记，是否在日记中写到了自己。于是，她走进教室，真的找到了男生的日记本，她知道不能带走它，就坐在教室里看了起来。她看得很专注，这时，有同学回到教室，发现了她。

　　事情一时间在学校沸沸扬扬地传开了。教师找这个女生谈话，想与她沟通一下，但是教师难以控制自己的情绪，生气地批评学生"你怎么能偷别人的东西"，"你这是不道德的行为"，而不听女生解释。其实，这个女生也意识到自己的做法有些不好，但是看到教师对自己不理解的态度，这个女生也针锋相对地表现出非常对抗的态度，反驳教师说自己没有偷别人的东西，坚持认为自己没有错。教师感到更加生气，并认定这个学生不仅有道德问题，而且有心理障碍。最终，学生的家长被请到学校，在家长的"配合"下，学生不情愿地承认了自己的错误，然而问题似乎并没有真正解决。

那么，这个学生道德有问题吗？她有心理障碍吗？如果有问题，是什么性质的问题呢？

如教师所说，这个学生"偷"看别人的日记是一种不道德的行为吗？这个学生有心理障碍吗？应该说学生未经他人允许而看他人的日记，这样做的确不妥，我们对此不能认同，但是教师以这样的态度和方式来认识和理解学生，并基于这种理解与学生进行沟通，能解决学生的问题吗？如果不能解决，那么解决问题的关键在哪里呢？

 分析与讨论 **理解的内涵**

案例 14 中所描述的学生问题就属于发展性的心理问题。对于处于青春期的学生来说，他们生理趋于成熟，爱慕异性或对异性有好感是发展过程中自然而然的事情。然而，青春期学生的整体心理发展尚未成熟，性心理发展也表现出相对的幼稚性，对异性的吸引和向往会使他们内心充满激动与消沉、高兴与苦恼，因此可能会表现出一些冲动或幼稚的想法或举动。在案例 14 中，女生出于对男生的爱慕去"偷"看他的日记，从青春期这一特定心理发展阶段来看，这个问题就不能简单地用道德的标准来评判。

对于处于这种心理发展阶段的学生而言，如果教师没有认清其心理问题的发展性质，不能予以充分的理解，缺乏及时和适当的引导，而采取灌输教育的方式，一味地讲大道理，那么不仅难以取得良好的教育效果，还可能引起学生的逆反或对抗，甚至还会导致学生产生焦虑、抑郁等一些严重的心理问题。

可以预料，案例 14 中的教师对学生采取的那种指责式的沟通方式难以取得理想的效果，之所以如此，一个重要的原因就在于教师缺乏对学生"偷"看他人日记的理解，因此，面对这个学生的"不道德行为"，教师与她的沟通只能以争执收场。对于学生的"偷"东西的行为，教师如果从学生心理发展的角度去思考其动机和原因，增进对学生行为的认识和理解，给学生解释和寻求谅解的机会，就有可能实现与学生之间的有效沟通，从而真正解决学生的行为问题。

一、什么是理解？

简单地讲，理解就是换位思考、通情达理。正如人本主义心理学的发起人之一卡尔·罗杰斯所指出的那样：理解力是指体验别人内心世界的能力，体会他人的内心世界，有如自己的内心世界一般。

一个人通过真实地感受他人的感受、体验他人的体验来真正理解另一个人，这在现实情境中是有难度的。比如，一个人不小心摔了一跤，别人如何能真正理解他摔跤之后的心情呢？也许最好的方式就是也同样摔一跤，就很容易感受到他人的感受了，这就是我们平时所说的"感同身受、同病相怜"吧。当然，这在现实生活中往往是难以做到的，因此，理解一个人并不一定必须要体验到相同的体验，我们可以试着在心理层面上加以体验和感受，并试着从他人的角度来考虑问题，这就是所谓的换位思考。如果我们能试着从心理上体验一下他人的情绪、情感和思维方式等，并能对其原因予以理性的分析和解释，这就是所谓的通情达理。

换位思考的实质，就是设身处地从他人角度思考，为他人着想，即将心比心，想人所想。人与人之间需要相互理解，理解有助于人与人之间的相互接纳与宽容。如果人们缺乏理解，缺乏换位思考，那么就可能生活在重重"误解"之中，人与人之间就可能多了一些"疙瘩"，甚至彼此耿耿于怀，难以沟通。但是，如果人们能深入体察对方的内心世界，换位思考，那么就有可能达成相互理解。换位思考在客观上需要人们将自己的内心世界，尤其是情感体验和思维方式等与他人联系起来，站在对方的立场上体验和思考问题，从而与对方在情感上得到沟通，为增进相互理解奠定基础。

对于教师与学生之间的相互理解而言，学生充分地理解教师常常是有一定难度的，因为学生大多处于未成年的发展阶段，而且他们没有当过教师，不太容易体验或感受到教师从事教育教学工作的情境及其难处。然而，教师是心智成熟的个体，而且都曾当过学生，体验过当学生的滋味，应该说教师更容易理解学生的所思所想。因此，学生如果能理解教师，那固然令人欣慰；但是，学生如果不理解教师，教师也不必一味期望学生对自己的理解。学生学会理解他人，正是需要通过感受教师的理解，在教师向学生传达理解的过程中加以培养。

教师面对学生的问题，在与学生的沟通过程中，向学生传达理解的信息往往具有三方面的内涵：

1. 教师充分认识学生的问题，这意味着教师能够从学生的角度来体验学生的情绪、情感和思维方式。

2. 教师充分体验学生的问题，这意味着教师能够充分把握学生的体验以及把这些体验与学生的以往经历与人格特征等相联系，透视学生行为及问题的原因。

3. 教师充分理解学生的问题，这意味着教师在体验学生的感受时，能够把关心和期待传递给学生，以感染学生并引导学生做出积极反馈，帮助学生解决问题，促进学生良好发展。

二、单向沟通容易导致误解

从案例 14 中，我们可以看到，教师并没有听学生解释自己的原因，或者说，教师并没有给学生解释为什么做出"不道德"行为的机会。在整个师生沟通的过程中，教师以一种居高临下的视角对学生的问题行为做出判断，而不关注学生的行为原因，也忽视给学生机会做出解释。事实上，教师并不了解学生问题的真正原因。这种沟通可以称之为单向沟通，即信息仅仅从发送者（教师）传递给接收者（学生），缺少了信息反馈的过程。可见，教师并没有从学生的角度去理解学生"偷"东西这一问题的心理原因，而是仅仅从自身的教育角度对学生加以约束和批评。这种缺乏理解的沟通方式很难收到教育实效，甚至非常容易导致学生产生消极的态度和逆反情绪。

案例 14 中的教师没有关注学生行为的真正原因，学生也没有机会把自己的原因表达出来，这样的单向沟通使双方缺乏相互理解，往往容易使沟通双方产生深刻的误解和误会。其实，学生往往希望得到教师的理解，但是事与愿违，学生感受到的不是教师的理解和接纳，而是教师的批评和指责，就可能导致一些不良的沟通后果，比如，学生会反驳教师的观点，故意与教师对抗，固执地坚持自己的观点或想法。这样，教师与学生的误解就可能加深，教师就更难以理解学生的行为，进而更不利于解决学生的错误或问题，甚至，有的学生可能从此不再配合教师各方面的教育与管理。归根结底，如果教师缺乏对学生的理解，以不理解的态度和方式与学生沟通，那么教师为学生的辛劳付出就难以得到学生的理解，可能"付诸东流"，这将使教师的教育教学及学生管理变得低效。

 设身处地，换位思考

在学校教育过程中，学生发展是教育的核心目标，教师要特别关注学生的心理状态，认识并理解学生的心理发展规律和特点。尤其，当看到学生出现错误或问题时，当与学生的沟通发生误会或冲突时，教师要多一些宽容，少一些责备，给予学生充分的理解。

一、教师要充分了解学生

每个学生都有着自己的个性特点，或者说学生的心理与行为表现往往各不相同，比如，习惯、性格、爱好、价值观等方面都会存在差异。教师作为学校教育的实施者，需要对学生的个性特点及差异有所了解，并在此基础上教育引导学生获得良好的发展，这就是平时所说的"因材施教"。如果教师对自己所教学生的个性特点及差异缺乏了解，教育就可能成为一件非常困难的、又有些冒险的事情。如果教师不了解学生，无疑将导致学校教育教学活动的低效，造成学生发展的阻碍。

因此，教师不仅要积极了解学生的兴趣爱好和能力倾向，了解学生的性格特征和行为方式，也要了解学生的教育经历、生活背景、家庭教育环境等。教师除了可以通过学生档案、家长介绍等一些间接渠道了解学生之外，更重要的是通过直接渠道了解学生的特点，比如，教师参与学生的活动，经常与学生在一起，经常与学生谈心沟通等，这些都是了解学生的有效途径。如果教师与学生之间很少说话，缺乏沟通，那么教师如何能了解学生的特点呢？教师对学生的理解也就无从谈起。

二、从学生的角度看问题

教师充分了解学生的特点是理解学生的基础。理解学生需要教师换位思考，在思维层面上，设身处地把自己摆在学生的位置上，体会学生的所思所想。尤其在处理学生发展过程中出现的问题或遇到的困难时，教师需要多从学生的角度认识问题和分析问题，并根据学生的特点来加以引导，解决问题。

教师作为教育者，学生作为受教育者，教师与学生在学校教育教学活动中各自的角色不同。在看待各种教育教学问题时，教师与学生的视角往往不尽相同，因此他们之间需要相互理解。学生应多从教师的角度考虑问题（当然这不太容易做到，尤其对年龄较小的学生），而教师也需要换位思考，多从学生的角度考虑问题，向学生传递充分的理解。

当然，"换位思考"有时是一件说起来容易做起来难的事情，它蕴含着教师开放的思维方式和科学合理的学生观，即教师如何思考学校教育，如何认识学生，如何看待学生发展，教师把学生视为什么样的人，都与教师如何理解学生有着密切的关系。对此在本书第五章中已经有了更为深入的探讨。

三、给学生表达的机会

教师在处理学生问题并做出相应的决策时，学生应该拥有充分的话语权，有机会解释问题的原因。给学生充分的话语权是一种让学生感受到教师理解的有效途径。在与学生的沟通过程中，教师要给学生充分表达自己观点或想法的机会，让学生充分表达自己对问题的认识和想法。简单地说，就是教师要给学生表达的机会。

1. 学生要有机会成为对话者

在学校教育教学实践中，一些教师习惯于居高临下地与学生沟通交流，过于关注自己的想法，而忽视学生的想法。在许多情况下，学生往往只能被动地成为听众，而失去应有的说话机会和权利。这样实际上并不利于形成有效的师生沟通。

教师要想真正理解学生问题的原因，就要与学生建立起平等对话的关系，与学生进行平等的沟通。在沟通过程中，教师要赋予学生话语权，使学生有机会成为对话者。尽管有些时候学生对问题的认识和想法可能会有所偏颇和片面，但他们也需要有机会成为与教师平等对话的另一方，只有这样教师才能有机会改进学生的认识偏差及问题，使学生理解和配合教师的教育教学工作，这种平等对话的教育方式蕴含着教师对学生内在潜能的激发和自我价值的尊重。

2. 学生要有机会发表意见或建议

当学生拥有话语权时，学生就有机会充分阐明自己对问题的看法和观点，表达自己的意见和建议。如果教师在与学生的对话沟通过程中具有较强的导向作用，学生没有机会发表意见或建议，处于一种被动接受的位置，那么教师与学生的沟通实质上就可能成为教师一人演出的"独角戏"。

教师与学生之间积极沟通并达成共识，不是教师的"一厢情愿"，而往往是建立于两方相互理解的基础上，特别是建立在教师对学生的充分理解的基础之上。因此，在学校教育实践中，尤其是面对矛盾、冲突或问题时，教师不仅要给学生说话的机会，而且还要认真思考学生的观点或建议，以实现教师对学生真正意义上的理解。

自我提升　用心传递理解

一、关于"理解"的心理测试

理解对有效沟通具有重要作用。教师提升对学生的理解力是师生有效沟通的心理前提。请看下面的心理小测试，看一看我们是否对"理解"有清晰的理解。

心理小测试 G　父母如何理解孩子

这是一个家庭教育情境：一个七岁的小孩子，带着父母新买的玩具去学校。班级的几个小伙伴抢他的玩具，他不给，小伙伴就打了他，还抢走了他的玩具。回到家以后，这个孩子表情痛苦，眼中流着泪，向爸爸妈妈讲述了发生的事情。

下面是孩子的爸爸妈妈可能对孩子所说的五句话，请问哪一句是向孩子传递理解的话语？

A、"拜托你不要哭了，吵死了！"

B、"宝宝别哭了，我买更好的玩具给你！"

C、"你再哭，我还要打你！"

D、"你不哭，我就带你去吃麦当劳！"

E、"再哭就让警察把你带走！"

（"正确"答案可以在本书最后的"附录：心理小测试答案"中找到。）

心理小测试 G "五句理解的话语"中，哪句真正向孩子传达了自己的理解呢？你是否能清晰分辨"理解的话语"呢？

心理小测试 H　教师如何理解学生

针对案例 14，教师面对那位"偷"看别人日记的学生，如果教师希望与学生进行沟通，希望那个学生意识到自己的问题，以便改进自己的行为，教师应该如何向学生传递理解的话语呢？

以下是教师可能表达的五句话，请问哪一句向学生传递了理解呢？

A、"拜托你以后不要再这样了！"

B、"如果再这样，我将对你采取措施。"

C、"这是没有任何理由可言的。"

D、"你要知道，你的父母养育你不容易啊！"

E、"你这样做，会对别人影响不好。"

（"正确"答案可以在本书最后的"附录：心理小测试答案"中找到。）

心理小测试 H 中的教师向学生传递的"五句理解的话语"之中，哪句是教师真正向学生传递了理解呢？

二、用心传递理解

心理小测试 G、H 中那些"理解的话语"其实都没有向沟通对象传递理解的信息，因为理解需要站在他人的角度体会他人的感受，这两个心理小测试中的"话语"都没有做到这一点。

正如前文提到的卡尔·罗杰斯的观点：理解是指体验别人内心世界的能力，体会他人的内心世界有如自己的内心世界一般。因此，对于心理小测试 G，家长也许可以这样向孩子传递理解的话语："爸爸/妈妈知道你的心里不好受"，"你的身上是不是还有点儿疼"。

对于教师与学生沟通而言，教师要站在学生的角度来看问题，尝试体验学生的体验和感受。因此对于心理小测试 H，教师也许可以这样向学生传递理解的话语："我知道你是出于喜欢才去拿那个同学的日记看的"，"我知道你现在的心情也可能不好受"，等等。

可以看出，对他人的理解是我们内心所思所想的反映，对他人的理解需要我们用心为之。教师充分理解学生，有助于师生之间建立起沟通的平台，有助于形成良好的沟通。而良好的师生沟通有助于学生接受教师所传递的信息和传达的期望，有助于促进学生的发展与成长。

三、理解不等于赞同

理解学生是为了更好地教育学生，促进学生良好发展。也许有的教师认为理解就是赞同，然而理解学生并不等于赞同学生。有一位教师提出过这样的疑问："现在都强调教师要充分理解学生，那么教师理解学生还怎么解决学生的问题呢？教师理解学生，谁又来理解教师呢？"因此，这里要明确指出，理解不等于不管学生，理解不等于学生可以放任自流，理解不等于认同学生的错误。学生发展出现了错误或问题，教师一定要及时教育引导，纠正错误，解决问题，这正是要建立在理解的基础之上。如果教师不理解学生的问题表现及原因，而去教育引导学生，那么师生之间就难以形成有效的沟通，这种教育就很难收到积极的效果。

理解不等于赞同或纵容。教师理解学生的错误不等于赞同或纵容学生的错误，教师理解学生的问题也不等于无视或默认学生的问题。比如，学生上课迟到了，教师当然不赞同学生上课迟到的行为，但教师一定要理解学生的迟到行为，教师应该在理解的基础上向学生表明自己并不赞同迟到行为，因此，理解并不等于失去原则，教师在理解学生的同时，一定要坚持教育管理的原则。

在本书"第六章"关于尊重的话题中，我们已谈到教师尊重学生并不等于赞同学生。为了解决学生发展过程中出现的问题或错误，教师需要做的一件重要的事情就是尊重学生，在尊重的基础上与学生进行积极的沟通，才能取得师生沟通的实效。这里，教师理解学生也不等于赞同学生，同样为了解决学生的发展问题或错误，为了取得沟通的实效，教师需要做的另一件重要的事情就是理解学生。教师对学生的错误或问题表示尊重和理解，这并不等于教师认同或赞同学生出现错误或问题，更不等于听之任之、不负责任。

我们完全有理由反对或不赞同别人的观点、想法或行为，但是，这必须以对他人充分理解为前提。当学生感受到教师的理解，学生才可能更好地接受教师的建议和观点，从而积极改进自身的错误或问题。

 这个学生是小偷吗？

下面是一个积极向学生传达理解的沟通过程，我们也许能从中体会到教师对学生的理解在改正学生的缺点或不足、培养良好的行为表现中的作用。

> **【案例15】这个学生是小偷吗？**
>
> 有一位三年级的小学生，从别的学校转学来不久。同学们发现他经常有一些怪异的表现：他经常不洗澡，不换衣服，不完成作业，甚至经常"偷"班级同学的东西，比如，铅笔、橡皮、小零食，等等。班主任当然不能忽视这些不良行为，为此经常批评教育这个学生，但是，并没有什么效果。

于是，教师要求学生请家长来学校，小学生对此感到非常紧张，以沉默来回避"请家长"。于是，教师提出要进行家访，但是这个小学生始终不向教师提供详细的家庭住址。

不过，教师还是决定要家访一下，看一看这个学生的家庭教育情况，也顺便与家长沟通一下学生在学校的表现。于是，有一天放学后，教师就"跟踪"这个学生回家。但是，教师感到非常困惑的是，学生并不急于回家，而是在大街小巷闲转，转着转着，教师就把"目标"跟丢了。

这位教师并没有放弃，而是经过几次"跟踪"后，终于有一次成功地来到了学生的家。令教师难以置信的是，这个学生的家竟然是在路边搭起的简易棚。学生只有妈妈，没有爸爸。这个家简陋到没有吃饭的桌椅，也没有可供学生写作业的空间。

学生对教师的突然出现也感到非常惊讶和害怕，不过教师并没有向学生的妈妈告状，因为看到学生如此贫困的家境，教师似乎能够理解这个学生为什么会有一些怪异的表现了。

教师在班级里召开主题班会，在这个学生不在场的情况下，向学生们讲了这个学生的家庭情况，呼吁大家一起来帮助这个学生。全班同学也开始渐渐理解这个学生。有些学生还主动把自己的铅笔、橡皮和小零食送给这个学生，令这个学生非常感动。后来，借助媒体的力量，通过一些人的友善捐助，这个学生与他的妈妈的生活环境有所改善。在教师的教育引导下，学生的学业也有了明显进步，"怪异表现"也消失了。

试想，如果教师不去了解这个小学生的家庭状况，仅仅从他"偷"东西的行为来批评教育，那么这个学生就可能一直是同学们心目中的"小偷"，就可能难以收到真正的教育效果。

可见，案例15中的学生转变，就是教师对学生的理解发挥了重要作用。当教师要求"请家长"和"家访"都被学生回避之后，教师并没有立即给学生的问题下定论，而是善意地"跟踪"学生，以期望了解学生真实的家庭情况。这种沟通可谓是一种基于人性化理解基础之上的教育沟通，这个沟通过程本身就是对学生发展的一种尊重和激励，学生在接受教师对自己理解的同时，也感受并领悟着相互理解的重要价值。从长远看来，这种有效沟通对形成积极的班级和学校的沟通文化具有重要的促进作用。

在教育教学过程中，教师经常会面对学生的各种各样的问题表现，为了更好地解决这些问题，教师就需要充分地理解学生。对于学生有时看起来很棘手的问题，如果教师尝试着从学生的角度来看问题，理解学生问题的原因和处境，那么学生的问题也许就变成另一个模样了，解决起来也就不那么棘手了。

当然，理解是有原则、有目标的。教师充分理解学生的根本目的是为了与学生之间建立起沟通的平台，只有建立起沟通的平台，教师与学生之间才有信息交换与交流，教师才能与学生之间形成有效的沟通，才能够真正从学生的心理层面改变或改进学生的观念与行为。

可见，教师对学生的了解有助于其更好地理解学生，尤其是教师要理解所教学生的身心发展规律及特点。比如，有一位小学教师向我提出这样的疑问：一个入校不久的小学一年级学生，上学迟到了，站在教室门口。由于学校搞"量"化管理，学生迟到会使班级被扣分，因此，教师有点儿生气地对学生说："你还来干什么，你回家去算了"。而让教师没有想到的是，这个小学生立刻背着书包就回家了。教师对此很不解，觉得学生是在与自己"作对"，并感慨道"现在的学生怎么这样难教啊！"

我想这个学生并不是与教师"作对"，而是这个年龄阶段儿童的心理表现，教师需要充分理解小学一年级学生的心理特点。心理学研究表明，教师与小学一、二年级的学生说话时，尽量不要说反话或反语，对于这个年龄阶段的儿童来说，由于抽象逻辑思维水平没有发展起来，他们可能并不理解教师反话背后的意思。当学生进入三、四年级时，随着抽象思维水平的提升，他们渐渐可以抽象地分析和理解他人的话语，也自然能听懂教师的反话了。

第四部分　如何进行有效的师生沟通

DISI BU FEN　RUHE JINGXING YOUXIAO DE SHISHENG GOUTONG

第八章　沟通方式：倾听学生的心声

——倾听不是被动的行为，而是主动的行为。在倾听过程中，教师的表情可以向学生传递丰富的信息。为了实现有效沟通，教师要用心倾听学生的心声。

 问题或案例　**"你不要狡辩！"**

【案例16】"你不要狡辩！"

有一位小学教师，打电话给我，向我哭诉校长对待她的方式让她非常委屈，也让她产生非常大的心理压力，甚至影响了她正常的教育教学工作。

事情其实非常简单，在学校常规检查时，这位教师被发现上课迟到了。尽管她自己也为此深感内疚，但是校长还是在学校的大会小会上批评了她三次。教师认为自己事出有因，并非故意，而受到校长如此对待，心里感到非常难受。

于是，我劝她去找校长沟通一下，向校长把自己上课迟到的原因解释一下。这位教师告诉我，她就此事已经找过校长两次了，但是自己刚一开口想做一点儿解释，校长就严厉地说："你不要狡辩！"校长的话让这位教师感到非常难过，许多天过去了，心里还是感到很压抑。这也影响了她的教学工作，甚至有时上课也会因此事分心。

可见，缺乏倾听对沟通效率的影响多么大啊！校长不去倾听教师的心声，导致教师产生如此不良的感受，那么在教师与学生的沟通过程中，教师又怎能不重视倾听学生的心声呢？

分析与讨论　倾听在表达之前

从案例 16 中，我们可以感受到倾听的重要作用。管理者以"你不要狡辩"这种说法来对待被管理者，这其实已经关上了沟通的大门，沟通就无从谈起了。教师与学生之间的沟通又何尝不是如此呢？

教师与学生的良好沟通对学校教育与学生发展具有重要意义。在处理学生问题时，如果教师对学生缺乏倾听，忽视倾听学生的心声，那么教师与学生沟通的渠道就不畅通，进而可能引发学生发展出更深层次的问题。因为倾听是沟通过程中非常重要的环节，尤其当教师作为师生沟通的发起者来说更是如此。

心理学研究表明，在人际沟通过程中，人们倾向于花更多时间去表达，而忽视倾听的重要价值。教师与学生的沟通也常常如此，教师可能希望取得立竿见影的教育效果，或是由于教育教学工作繁忙，或者其他各种原因，而对学生表达得多，倾听得少。但是，倾听的重要价值丝毫不逊色于表达，也不应被忽视，教师作为学校教育者，在注重向学生表达自己的观点或想法的同时，也要注重倾听学生的想法和心声。

当然，强调倾听的重要性，也并不排斥表达在沟通过程中的重要性。关于表达的重要意义，将在第九章中深入探讨。

一、倾听有助于教师了解学生

教师要上好课，就需要备好课，备课的一项重要内容就是"备学生"。教师要想管理好学生，也一定要"备学生"，"备学生"是教育学生的基础。其中，倾听就是教师"备学生"的一种良好途径。

倾听学生有助于教师获得丰富的信息，它有助于教师了解学生的所思所想，了解学生的发展状况和基本特点，了解学生对学校或班级的期待和愿望，了解学生的学业兴趣或所关心的事情，进而有助于教师更好地理解学生出现的问题或缺点。如果在与学生沟通的过程中，教师缺乏对学生的倾听，就难以充分了解学生的想法，也难以向学生传递理解，教师针对学生的一些教育和管理措施就可能偏离学生发展的目标，反过来也就可能得不到学生的理解和支持。

二、倾听有助于学生更好地表达

倾听是表达的基础，教师倾听学生是为了让学生充分表达他们的想法或观点，也是为了使自己向学生更充分地表达。教师倾听学生的一个重要目的也在于引导和帮助学生解决学业与发展中遇到的问题，促进学生更好地发展，更好地管理班级和教育教学事务。

人与人之间的许多沟通冲突往往并不是因为双方意见不一致，而是因为双方并不明确对方真正的观点或想法，不了解对方往往是因为没有充分倾听对方的话语，进而没有充分理解对方的真实观点或想法。事实上，没有充分的倾听，就难有准确的相互理解。教师与学生之间的沟通也是如此，教师倾听学生的心声，是向学生传递教育信息和实施有效教育的基础。

三、倾听有助于调动学生的积极性

善于倾听的教师会有更多的机会了解学生的特点，了解学生的优势与不足，进而能够及时采取相应的教育教学措施。可以说，倾听本身就是一种对学生的鼓励和肯定，它能让学生感受到教师对自己的重视，提升学生对教师的信任感，也提高学生的自我价值感和自信心，从而激发学生的学习动力和热情。

在与学生的沟通过程中，如果教师忽视倾听的作用，并且当学生感受到教师并不愿倾听自己的想法，感受到"教师不在乎我说什么"，那么学生就可能形成消极的沟通心态，导致消极的沟通模式。这种消极的沟通模式一旦建立，学生就可能很难再向教师倾诉心声或向教师反馈有关问题，教师与学生之间的沟通就可能进入一种消极、被动的恶性循环。久而久之，缺乏对学生的倾听将会抑制学生的表达，并习惯于在沟通中保持沉默，于是即便有一天教师想倾听学生的心声，学生也不愿意向教师诉说了。

四、倾听给学生提供倾诉的机会

教师是否愿意倾听学生诉苦或发牢骚呢？也许许多教师不愿意。当学生向教师诉苦、发牢骚甚至抱怨时，也许有些教师会认为诉苦或发牢骚打破了班级或课堂的和谐氛围，但是换个角度来考虑，学生向教师诉苦或发牢骚，是学生对教师的信任。虽然，教师常常希望班级或课堂人际氛围呈现出一种其乐融融、皆大欢喜的和谐景象，而不希望出现情绪低落、相互抵触的不和谐状况，但是，和谐的人际氛围并不是人们没有诉苦或发牢骚，而是把它们加以化解。因此，教师不必回避学生的诉苦或发牢骚，只有听到学生的"情绪化"的话语，才能了解学生的心声，化解学生的问题。

事实上，许多时候当学生向教师倾诉心声时，仅仅是想寻求一种能够被接纳的、值得信任的途径，宣泄一下心中的不满或苦闷，一吐为快，而对教师并没有过高的要求，并不一定希望教师能提供切实有效的解决方案。许多学生在向教师倾诉之后，就投入正常的学习活动中，并没有影响学习情绪和学习行为，也没有影响同学之间的人际氛围，因此，教师可以给学生一个诉苦或发牢骚的机会，这样，学生有机会表达内心的苦闷或不满，这才是和谐的学校教育氛围的表现。

从管理学的视角来看，如果管理者喜欢"听喜不听忧"，就会导致被管理者"报喜不报忧"，进一步导致管理者更加喜欢"听喜不听忧"，这种管理心态或理念是一种过于关注"形"而忽视"神"的管理。当前学校的学生管理在许多情况下都存在"形聚而神散"的问题，学生的"形"表现得一致，而"神"却有些散了，这是违背学校教育目标和学生发展规律的教育现象。比如，教师上公开课，有人来听课，学生们都积极发言，而平时上课却不是这样，因此这并不一定出于学生真心所为。再比如，有的学校，当上级领导来视察，参观学生做广播体操，学生们都整齐为之；但是，当没有人参观检查时，学生们就应付了事。

一位优秀的教育工作者真正要追求的是注重培养"神"的教育，而不是仅仅培养"形"的教育。"形散而神聚"也不失为一种良好的学校教育状态，当然更好的情况应该是一种"形神兼备"的教育与管理。学校培养学生是为了使学生获得真正的发展，塑造学生的美好心灵，而不是把学生培养成重视"做表面文章"，或者"做事就是为了做给别人看的"之类的人。如果仅仅关注学生的"形"发展，而忽视学生"神"的培养，那么学校教育将失去其最根本、最核心的价值和意义。

 用心倾听学生的心声

一、教师以多种渠道倾听学生

学生发展是学校教育的根本目标，学校或班级各种教育教学及管理措施和决策的制定不能不倾听学生的声音。教师充分倾听学生的声音正是"以人为本"的体现，是教师"以学生为本"的体现。

在教育教学与管理的过程中，教师倾听学生声音的渠道有很多，最简单、最直接的方法就是教师直接与学生面对面的言语沟通。一方面，教师可以为学生确定专门的沟通时间和地点，以使学生可以就有关问题或事宜找教师进行沟通，或者学生也可以与教师进行无主题的、开放式的谈心交流；另一方面，教师可以根据学校教育的需要，主动找学生进行沟通交流，询问其对学校教育或班级管理问题的观点或想法。这种与学生面对面沟通的方式比较适合于有针对性地解决某些问题或适合于班级学生人数不多的情况。此外，教师可以通过电子邮件、博客、意见箱等方式倾听学生的声音。其实，教师倾听学生心声的途径很多，也很丰富，各种途径都可以发挥积极的作用。

当然，如果教师或班主任面对的学生人数较多，情况就变得有些复杂。比如，我曾去过一所小学，平均班额人数120多人，最多的一个班级人数130多人，每个班级的学生都拥挤在普通大小的教室中上课。对于班主任及任课教师来说，如果与每一个学生都聊一聊，那么仅仅时间上的付出就是可想而知的，因此，教师们常常有针对性地与学生进行沟通，而且尽可能多地倾听学生们的心声，于是这个学校学生的精神面貌、人际氛围非常好，学生的学习成绩也非常好。

二、倾听学生的深层意思

在人际沟通过程中，听取信息的速度往往比表达信息的速度更快一些，因此人们很快能听到对方的话语，但是却不一定能很快懂得对方话语的深层意思，这时急于表达自己的想法，就可能产生沟通的误会。换言之，"听"比"说"更需要人们的耐心和良好心境，因此做到"善于倾听"比"善于表达"的难度更大一些。

对师生沟通而言，倾听需要教师的耐心，用心为之，真正关注学生的心声，听懂学生的"话外音"，即学生想表达的深层意思，而不能应付了事。倾听往往不是沟通的最终目的，倾听是为了更好地了解学生，理解学生，为了教师能更准确、更清晰地向学生表达，从而达到有效沟通。如果教师对学生的倾听只是表面应付，而不是用心为之，并不愿意用时间真正关注学生的想法、意见和建议，那么这种倾听方式就必然失去其应有的价值。

可见，教师对学生倾听要关注学生话语的实质内容。事实上，教师与学生进行沟通的形式并不是关键，关键在于教师是否愿意花时间与学生沟通，以及是否用心倾听学生的心声。

教师要能听懂学生的真实意思，这决定着学生是否愿意向教师倾诉。如果教师不愿意听学生倾诉，那就可能使得学生不愿意向教师倾诉。教师不注重倾听学生的心声，这样的班级或课堂可能表面上看来显得平静与和谐，但是这种所谓的平静与和谐背后却可能隐藏着不断积累的教育管理的隐患和学生发展的障碍。因此，教师要尽可能给学生机会倾诉想法和心声，并用心倾听。

三、用心倾听学生的心声

在教师与学生沟通的过程中，当学生希望倾诉内心的困惑，或是希望得到教师的帮助和支持，或是就班级管理提出自己的见解和想法时，教师更要以积极的心态来倾听学生。尤其，当学生主动找教师来沟通时，教师更要以积极的态度和心境来倾听学生，教师才能听出学生话语"字里行间"的意思。因此，倾听需要教师用心为之，要以积极的态度和心境来倾听学生。倾听过程中，教师应尽可能地给学生积极的反馈和引导。

从"听"的繁体字可以看出，这个字里有"耳"，有"心"，其本义是指人们需要用心来感知声音，感受话语，话语通过耳朵直达于心，倾听需要人们用心去领悟。因此，教师倾听学生的心声，需要用心倾听，需要专心、耐心、真心地倾听。

1. 专心倾听

在与学生沟通的过程中，教师倾听学生的话语要专心。教师要向学生传递这样的信息："我很关注你所说的"，"我正在专心听你说"，而且在沟通过程中不断地向学生传递对其所谈话题的关注，并对学生的观点加以思考。

因此，在倾听学生的过程中，教师应尽可能把手头的事情放下，不能一边听学生说话，一边做手头的事情。这很容易让学生感到教师并不重视与自己的谈话，于是可能会感到失落，进而有意回避与教师的沟通。

2. 耐心倾听

教师在倾听学生的话语时，应有足够的耐心，给学生充分表达的机会，即使觉得学生所谈并不重要，或认为学生所言没有道理，也要意识到耐心倾听学生的必要性，不必随意打断或终止学生说话。耐心倾听有助于学生提升对教师的信任，积极地与教师沟通。

即使教师发现学生的观点或所表达的内容有偏差、有问题或不正确，也不要轻易驳斥学生，不要轻易下否定的断言，耐心倾听学生，才有助于解决学生存在的问题。如果教师不赞成学生的观点，可以先听学生充分表达后，再提出反对学生的想法和理由，与学生交换观点，向学生提出建议，以达成共识。

3. 真心倾听

教师倾听学生的时候是否心平气和、态度坦诚、平等相待，这对沟通的实效性意义重大。教师如果能真诚地对待学生，对学生所谈内容不抱有成见，这对学生是一种极大的鼓励。无论学生谈话的

図 15　"听"字的繁体

内容是否重要，即使学生有些谈话内容并不十分重要，或者学生所谈仅仅是找教师宣泄心中的不快，教师都应尽可能地真诚面对，而不必不耐烦。教师流露出一些不耐烦的神情，做出不耐烦的动作，都可能成为师生沟通的障碍。

如果教师有重要的事情急于处理，那么可以权衡轻重缓急，如果必须处理自己当前的事情，也不妨坦诚地告诉学生，并与学生约一个时间，到时主动找学生进行沟通。这也是一种真诚沟通的表现。

自我提升 有效倾听的方式

一、沟通的方式

人际沟通常用的有三种：非言语沟通、口头沟通和书面沟通。教师与学生之间的沟通也往往以这三种方式进行。

1. 非言语沟通

非言语沟通主要是通过表情传递信息，这种方式的优点在于虽然没有话语，但是沟通的双方可以通过表情向另一方提供可观察的情绪、情感或思想。也由于此，这种方式的不足在于沟通双方对表情的内涵可能产生误解，从而会影响信息接收者对信息的准确理解。非言语沟通是师生沟通的主要方式。

2. 口头沟通

这也是教师与学生沟通过程中常见的沟通方式。沟通双方通过口头言语相互传递准确、丰富的信息，这种沟通方式的优点在于速度快、简洁明了，许多问题可以"当面对质"，而且可以相互及时反馈。

3. 书面沟通

沟通双方既不通过表情，也不通过口头言语，而是通过书面语言进行沟通。这种沟通方式的优点在于可以回溯，有据可查，有助于人们记忆保存，正如俗话所说的"好记性不如烂笔头"，但是这种沟通方式的不足在于比较费时间，也可能缺乏及时反馈。

二、倾听是一种非言语沟通方式

比较各种沟通途径所传递的信息量，人的表情所传递的信息最为丰富。表情是人们在倾听过程中经常运用的传递信息的方式。教师在与学生沟通时，要意识到表情在倾听中的基本作用。

在倾听过程中，由于人与人之间不用说话就可以用表情传递大量信息，因此，倾听不是被动的行为，而是主动的行为，因为倾听虽然没有话语，但是它依然可以传递更为丰富的信息。比如，学生犯错误了，教师可以不用与学生说话，而只需看学生一眼，就能向学生清晰传递自己的态度。关键在于教师看学生一眼，向学生传递了何种表情。不同的表情就会传递不同的信息，甚至是截然相反的信息。一般而言，微笑的眼神可以向别人传递理解，横眉冷对的眼神可以向别人传递愤怒，狠狠一瞪可以向别人传递不满，等等。可见，虽然现在法律法规禁止教师体罚学生，教师对学生的体罚已很少见，但是，教师倾听学生时，用丰富的表情对学生进行"心罚"作用却可能胜过"体罚"。

在倾听过程中，表情也可以表现出倾听者的设身处地的感受。对教师而言，不但要听懂学生的话语本身，更要听出学生话语中"字里行间"的内容。教师在倾听学生时，要体察学生的话外之音，分析言外之意，捕捉其真实意思，并积极地通过表情对学生予以反馈。

此外，在倾听过程中，教师还要有意识地通过表情积极传递丰富的信息，启发学生进一步表达，有助于师生进一步沟通，比如，通过表情向学生传达赞同的信息："我正在认真听你说"，"我愿意与你沟通"，"我很关心你的事情"。或者也通过表情向学生传达不赞同的信息："我不太同意你的看法"，"我有点儿不相信"，"我有不同的观点"，等等。

三、倾听时的表情可以"说话"

人类的表情往往具有趋同的含义，比如，微笑或赞叹时嘴角上翘，生气或伤心时嘴角下垂，困惑时眉头紧皱，喜悦时眉开眼笑。事实上，人的表情识别能力在很小的时候就发展起来，人在很小的时候就更倾向于看微笑表情。

发展心理学家罗伯特·范茨（Robert Fantz）在 1961 年进行儿童心理实验时发现，两个月大的婴儿注视人脸比注视其他图片花的时间更长。事实上，4 个月的婴儿就已能对不同的表情有所区别，4～6 个月的婴儿注视高兴的表情比注视愤怒和中性表情的时间更长。人识别微笑、高兴等积极表情的能力早于识别愤怒、害怕等消极表情的能力，这也许意味着人更喜欢看到或倾向于接受积极的表情。心理学研究表明，人们生来就对人的面部表情有着偏好性，因为在人类进化过程中，人的面部表情往往包含着各种各样的对人们生存有用的信息，比如，母亲对新生儿的微笑意味着安全和爱护。因此倾听时的表情对人际沟通发挥着重要的作用，它虽然没有外显的话语，却实实在在地"说话"了。

图 16 表现的是出生几个星期的婴儿就表现出对特定刺激的偏好，图中每一个横条表示婴儿注视各种刺激物所耗费的时间。从中可以看出，出生不久的婴儿就对"笑脸"有所偏向，借此也许我们能对表情的重要意义有所体会。

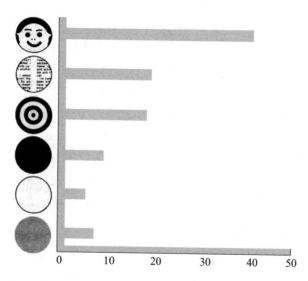

图 16　婴儿注视不同刺激物时间的百分比

在倾听过程时，人们没有话语，但是表情往往表明人的情绪、态度和想法。有人认为人际沟通过程中所传递的信息，有超过一半以上的信息是通过表情这种非言语沟通方式来传递的。

1. 面部表情

人的表情往往能反映其身心状态。面部表情是一种重要的社会刺激物，比如，眼、眉、嘴的位置，能充分流露出人的内心世界。因此，教师应尽可能多地展示积极的面部表情，比如，和蔼、微笑、欣赏；而愤怒、不满、责备等消极的面部表情可能导致学生对教师的敬而远之，导致师生之间缺乏沟通。

2. 身体表情

身体表情可以显示人的情绪情感状态，比如，某些特定的身体姿势、手势都可能流露出人们的态度和想法。其中双手的动作和位置所传递的信息最为丰富。比如，在课堂上，教师提问就可以不用说话，用手势就可以使学生领会教师的意思，站起来回答问题，用一根手指强硬地指点学生或者用舒展的手掌来邀请学生是有不同的含义的。

表 7　身体表情及其含义

表情	含义
摆手	表示制止或否定
双手外推	表示拒绝
搔头或搔颈	表示困惑
搓手、拽衣领	表示紧张
耸肩	表示不以为然或无可奈何
打呵欠	表示疲劳或厌倦
用脚点击地面	表示紧张或不耐烦
身体前倾	表示专心或有兴趣
……	……

3. 言语表情

言语表情并不是指说话的言语或内容，而指说话时的音量、语调、节奏等特征。人在说话时，除了话语本身传递信息外，更为重要的是说话时的音量、语调、节奏等都传递着丰富的信息。

因此，人们通过言语表情可以判断他人的情绪状态和所思所想。现实中，相同的言语，如果用不同的语调来表达，那么就可能传递两种截然不同的意思，比如，教师对学生说一句话："你这次考试考得不错嘛"！话语本身所传递的信息往往是表层含义，而深层含义则往往通过教师说话时的语调、节奏、语气和音量等这些言语表情因素来传递，它可以蕴含两种相反的评价，即"你考得很好"或者"你考得很不好"。因此，教师用欣赏、赞美的语气对学生说这句话之后，这种言语表情可能让学生感受对自己学业的肯定，而教师用讥讽、责备的语气对学生说同样的话，就可能意味着学生这次考试考得很糟糕。

四、避免倾听容易出现的问题

教师作为学校教育者与学生的沟通需要平等相待，相互尊重和理解，倾听学生的心声必不可少，它是师生有效沟通必不可少的方式。如果教师居高临下地看待学生，缺乏从学生的视角来观察和分析问题，缺乏倾听学生的声音，那么就可能使沟通出现问题或偏差。以下列举几种倾听时容易出现的问题，教师与学生沟通时应尽量予以避免：

➢ 在师生沟通过程中，教师过于维护自己的绝对权威地位，而急于下结论或断言。

➢ 在学生说话时，轻视学生所提出的问题，表现出不耐烦的态度或表情。

➢ 随意打断学生的叙述，或转移话题，使学生不能完整表达。

➢ 在学生表达之后，习惯于对学生的问题表现作道德或正确与否的评判。

➢ 忽视学生的视角，总是按照自己的想法或思维习惯，对学生的言行举止和价值观念等加以评论。

➢ 倾听时，有时表现出不适当的面部表情、身体表情或言语表情。

拓展案例　**教师节庆祝大会改为倾听心声**

【案例 17】教师节庆祝大会改为倾听心声①

据当地媒体报道，厦门市政府决定，今年不开教师节庆祝大会，而改为由市领导和教师代表面对面，倾听教师心声的座谈会。厦门市领导日前在谈及此事时说："想倾听老师的心声，知道他们在想什么，遇到了什么困难。"

➤ 庆祝大会表彰先进只是形式

根据惯例，每年的教师节，各地政府都要召开隆重的庆祝大会，并在会上表彰一批教师队伍中的先进个人，向广大教育工作者致以节日的问候。这样的做法当然没有错，但是，正如厦门市领导所说的那样，这样做更多的只是形式，并不解决实质问题。

有鉴于此，为什么不能改变一下多年来庆祝教师节的形式，采取诸如召开座谈会倾听教师心声，为他们解决实际困难一类的方法呢？

➤ 教师想什么，领导不一定知道

客观地讲，如今各地政府的领导同志少有不关心教育、不关心教师的。但是，因为教育工作仅仅是地方政府工作的一部分，而地方政府的工作千头万绪，因此，作为领导大概是鲜有深入学校，尤其是深入普通教师中，与他们进行交流与沟通的机会。

所以，作为普通教师，他们现在在想些什么，面临着什么样的困难需要政府帮助解决，领导同志未必十分清楚。而现在利用教师节的机会与他们座谈，则是了解情况、与之交心的极好办法。

➤ 漠不关心导致人才大量流失

在某些地方，由于地方政府平时对教师的工作条件、工作待遇以及他们的所思所想知之甚少，甚至于漠不关心，所以，直接导致了大量的骨干教师"用脚投票"——流向物质待遇更好、对个人的发展更有利的地方，并使得整个教师队伍的军心发生动摇。

---

① 摘自新华网，2003 年 9 月 10 日

　　而当这些领导恍然大悟，严重意识到事关地方教育大局的稳定，必须慎重地加以解决，急着出台种种挽留人才的政策时，后果已经无可挽回了。

　➤ 不应只在教师节才想起教师

　　假如充分利用教师节及其他的机会更多地与普通教师交流、交心，知道了他们现在在想些什么，有什么困难需要帮助解决，并尽一切可能在合法、合理、合情的范围之内予以解决的话，相信教师必定会在平时的工作中焕发出更大的热情来——"士为知己者用"嘛！

　　当然，更希望不只是在教师节到来的时候，地方政府的领导才想起教师来，而应该把对教育、学校、教师的关心贯穿于平时的工作——常到学校走走，到教师中听听。

　　管理沟通的过程中，倾听的重要意义不言而喻。对于教师与学生的沟通来说，倾听对解决学生的问题，促进其良好发展具有重要意义。比如，案例 16 中，如果校长能倾听教师的心声，教师就不至于陷于非常困惑的境地，也不至于影响正常的教育教学工作。

　　教师倾听学生的心声，是在内心中把学生作为一种可以对话的个体而进行教育，是在内心中对学生人格的尊重。倾听有助于提升学生对教师的信任，有助于解决学生发展的问题，对启发学生的心智潜能，促进学生个性发展也具有重要意义。

　　可见，对于教师来讲，在教育学生、引导学生的时候，倾听学生的心声，无疑是与学生积极沟通的表现，也是取得沟通实效的重要保障。因此，教师倾听学生的心声不是为了倾听而倾听，教师倾听学生的心声也不是沟通的最终目的，倾听是为了了解学生的所思所想，并基于学生发展的现状，更好地引导学生获得进步，进而促进班级和学校教育获得发展。

　　对于学生而言，有一个经常感受到倾听的沟通平台，有表达自己心声的场合或机会，意味着学生自身的存在价值受到充分的关注和重视，也意味着教师对学生的尊重和理解。学生感受到教师能够认真地倾听自己的观点或想法，这将增强学生的自我价值感和自尊心，有助于激发学生学习的积极性和内在动力，有助于学生自主发展，有助于明确学校的教育目标与学生自我成长目标的关系，并把两者紧密结合。

可以说，相对于表达而言，教师与学生的心理沟通应首重倾听。教师充分地倾听学生的心声是向学生清晰明确地表达自身教育管理理念与方式的有效途径。

第九章 沟通方式：表达内心的感受

——人际沟通过程中，表达方式往往比表达内容更重要。教师对学生苦口婆心，但学生却不领情，往往由于学生不接受教师的表达方式。尤其在面对学生的问题时，教师不必过于关注问题或错误，可以尝试向学生表达内心的感受。

 问题或案例 学生如此向教师打招呼

【案例18】学生如此向教师打招呼

有一位学校心理咨询与辅导教师，他应某中学校长的邀请，为该校初三年级一个班级的学生作一个心理讲座，主要讲的是关于如何改进学习态度和学习方法的内容。讲座之前，学校的校长与这位心理教师聊了聊这个班学生的情况。校长告诉他之所以想专门为这个班的学生做心理讲座，主要是因为这个班的课堂秩序很乱，学生思维过于活跃，非常调皮，经常出乱子，学习成绩也不好。

这位心理老师欣然接受了邀请来到这个学校，校长和这个班的班主任亲自带着心理老师来到教室，校长请班主任老师留在教室里听讲座，同时协助维持一下可能会变得混乱的纪律。班主任老师也坦率地告诉心理教师，如果自己不帮着维护秩序，这个讲座很可能进行不下去。但是，心理教师表示自己能够应对学生的表现，并礼貌地请班主任老师离开了教室，由他一人来面对这个所谓"很乱"的班级。

班主任老师离开教室之后，心理教师在黑板上写出自己的名字，转身面向学生想做个自我介绍来开始讲座时，教室靠窗户的一个学生先说话了。

这个学生显得非常兴奋又有些好奇地看着这位心理教师，声音响亮地招呼道："嘿！那个男的，你过来。"全班学生都听到了这个学生如此与教师打招呼，许多学生都露出了诡秘的表情。当这位心理教师听到有学生这样向自己打招呼时不禁愣住了，一时间不知该如何回答。

您如何评价这个向老师打招呼的学生？您认为心理教师应该如何处理这种局面呢？

事实上，这位心理教师的应付方式非常好，也非常有效。他是如何做的呢？在本章最后"拓展案例"中将进一步详细介绍。下面先分析一下在教育实践中，教师可能出现的应对问题，一些错误的或不合理的应对方式是教师需要避免的。

 分析与讨论　表达方式比内容更重要

一、如何面对学生的"无理"？

在教育现实中，当教师面对学生如此"无理"，甚至有些"挑衅"的招呼"嘿！那个男的，你过来"之时，我想大多数教师可能会惊讶于学生的此种表现，也许有的老师可能会感到不被尊重或不舒服，有的教师可能会很气愤，有的教师可能还会觉得"这个学生怎么这样无理""孺子不可教也"。那么，这个时刻，教师该如何回应呢？教师该如何向学生表达呢？教师最应该向学生说些什么呢？

面对学生的如此"无理"，教师们可能会有不同的反映，也许有的教师会非常生气地质问学生：

> ➤"你懂不懂礼貌？"——言外之意，学生怎么这么没礼貌！
>
> ➤"你爹妈是怎么教育你的？"——言外之意，学生怎么这么没家教！
>
> ➤"你会不会讲人话？"——言外之意，学生不讲人话！
>
> ⋯⋯

上面这几种教师的表达方式都有一个共同的特点，就是教师都把问题的焦点或关注点放在学生的错误（"无理的话语"）上，而忽视对教师自身感受的关注。事实上，在教育引导学生时，教师采用这类表达方式的情况并不少见，在教师的质问下，有的学生可能不敢说话了，有的学生可能表面上"屈服"了，而内心却非常不服气，还有的学生可能与教师针锋相对，并不示弱。

然而，这种表达方式却并不利于学生意识到存在的问题，也不利于处理好当时的问题情境，相反，往往会引发学生与教师之间的现场或背后的对抗。试想，如果这位心理教师这样质问学生，而那个学生故意反问一句："我说错了吗？难道你不是男的吗？"这很可能引来全班同学的哄笑，这也许正是那个学生所希望的，那么教师又该如何应对呢？至少有一点可以肯定，就是教师做讲座的效果一定会大打折扣，甚至讲座可能难以进展下去，然而教师来到这个班的主要目的并不是与学生对质，而是为了给学生做一个有益于学习的讲座。

因此，面对案例18的问题情境，教师把问题的关注点或焦点放在学生的错误或不当言行上，这并不是明智的做法。这种做法没有清晰表达自己对学生的看法和期待，而是向学生传达了一些消极评价的信息："你怎么这么没有礼貌""你怎么这么没家教""你怎么不会讲人话"，等等。

如果教师基于这种消极的表达方式与学生沟通，很可能会导致沟通低效，因为这种表达方式往往缺乏教育作用，不利于解决问题，反而会激化矛盾。那个学生也许正期待着教师的"进攻"，期待着与教师之间展开一场"较量"，学生也许已经准备好了如何"还击"。面对这种问题情境，教师明智的做法也许是避开学生的"锋芒"，尤其是处于青春期阶段学生的"锋芒"，不把问题的焦点或关注点放在学生的错误上，而是关注自己内心的感受，向学生表达内心的感受。

二、寓言：国王的梦

从管理沟通的角度来看，教师为了更准确更有效地向学生传递信息，需要选择恰当的表达方式。教师面对的是不断成长的学生，学生在不同发展阶段往往表现出不同的发展规律和特点，教师恰当的表达方式可以增进教师与学生之间的相互沟通，有助于学生更好地理解和接受教师的观点、想法或建议，促进学生更好地不断发展，而不恰当的表达方式往往导致沟通不畅，无助于学生接受教师的教育引导，最终阻碍学生发展。那么，什么是恰当的表达方式呢？什么是不恰当的表达方式呢？

教师恰当的表达方式就是符合学生身心发展特点或规律的表达方式，具体而言，就是面对不同年龄阶段的学生，教师要了解学生的发展特点，理解学生出现发展问题的原因，并且要积极看待和评价学生的发展及问题，尊重学生的个性表现，根据学生发展的具体情境向学生表达自己的观点、想法或建议。

下面是一则寓言"国王的梦"，这是一个古老的寓言，也很耐人寻味。其中，两个占卜师对国王的梦做出的解释，使用了不同的表达方式，也许从中我们可以获得某种启示：

寓言：国王的梦

有一天，国王做了一个梦，他梦见自己的牙齿一颗一颗地都掉光了。国王醒来后，感到非常不安，于是命大臣找来了全国最好的占卜师为自己占卜一下这个梦。

这个占卜师听了国王的梦之后，对国王说："陛下，这个梦不好啊！梦见牙齿一颗一颗掉光，这表示您的家人将会先于您而一个一个死去。"国王听后大怒，命令将这个占卜师关进监狱，并传令大臣再找一个占卜师来。

新的占卜师来了，听了国王的梦之后，对国王说："陛下，这个梦很好啊！您的牙齿一颗一颗掉光，这意味着您将比您的所有家人活得都长。"国王非常高兴，命令赏赐。

大臣十分不解，问这个占卜师："你所说的跟前一个占卜师说的不是同一个意思吗？为什么他受惩罚而你受赏赐呢？"这个占卜师坦然地说："不在于我们说了什么，而在于我们是如何说的。"

从上面的寓言我们可以看到，两个占卜师的确是同一个意思，但是他们用不同的表达方式对同样的事物做出不同的解释，所得的结果却完全不同。

在教师与学生的沟通过程中，教师出于"好心"教育学生，而"好心得不到好报"的情况往往也正是这样发生的。可以说，每一位教师都希望学生获得良好的发展，与学生沟通时，教师教育引导的"心"都是好的，如果得不到学生的"好报"，那么，是不是与教师不恰当的表达方式有关呢？有些情况下，正是因为教师对学生的爱心太浓，太希望学生发展好，反而以较为情绪化的方式予以表达，导致师生沟通的低效。比如，看到学生又做错了题目，教师就生气地对学生说："你怎么又做错了！"这种表达方式可能会降低学生的学业自信和对教师的信任。也许，教师耐心地鼓励学生"下次再努力"，这种表达方式会收到更好的沟通效果。

三、避免消极的表达方式

许多父母对孩子有着过高的期待，但是由于教育方式不当，在面对孩子出现的问题时，经常以消极的表达方式与孩子沟通，于是难以收到良好的教育效果。比如，父母看到自己的孩子不做作业而在看电视，就气愤地责备孩子说："你怎么又看电视了！还不去做作业！"于是孩子总是与之对抗。然而，同样的情境，在面对邻居家的孩子时，却能够心平气和地予以引导："不要看电视了，该做作业了。"于是邻居家的孩子往往更愿意听这样的劝告，更愿意配合。

师生沟通也是如此，消极的表达方式往往埋没了教师的良苦用心。因此，教师有必要关注一下自己是否经常使用一些消极的表达方式，学生往往并不是不接受教师的话语内容，而是不接受教师表达话语的消极方式。

俗话说"良药苦口利于病，忠言逆耳利于行"，这似乎很有道理，但是，事实上良药未必苦口，忠言未必逆耳。人们在现实中制作苦口良药时，时常要在药片表面包一层糖衣，让原本很苦的药变甜，可见药的内容虽好，但也要考虑使用更容易让人们接受的方式。对于师生沟通而言，有些时候教师非常关注表达的内容，而容易忽视表达的方式，但是，为了取得良好的沟通效果，教师表达的方式往往比表达的内容更为重要，换言之，"说什么"比"怎么说"更重要。

　　教师作为学校教育者，与学生沟通时，不仅要关注"内容"，也要使用好"方法"。"良药苦口利于病，忠言逆耳利于行"这句俗话，在师生心理沟通的教育情境中，应该改为"良药可口更利于病，忠言顺耳更利于行"，这种沟通策略也许更值得教师采纳。教师的"可口良药"和"顺耳忠言"更容易让学生在内心中感受到教师的一片苦心，感受到教师的支持、理解和信任。

　　因此，教师与学生的沟通有必要避免以下一些消极的表达方式，它们很可能会影响师生沟通的效果，影响教师引导教育学生的效果。

> ➤ 否定指责，是使学生消沉最好的武器。
> ➤ 冷淡拒绝，是使学生失去学习热情的良方。
> ➤ 讽刺抱怨，是疏离与学生情感的催化剂。
> ➤ 轻视贬低，是毁掉学生自信心的有效途径。
> ……

　　1. 否定指责

　　当教师发现学生的问题时，有些教师会立即用否定指责的态度及语气对待学生，比如，生气地对学生说："你就是不行""你做得真糟糕"等。也许教师的本意是想让学生看到自己的问题，激发学生的动力，但是，经常否定指责会使学生渐渐失去对学习或事物的兴趣，降低学生的积极性，甚至使学生关闭与教师沟通的大门。

　　2. 冷淡拒绝

　　当学生向教师寻求支持或帮助时，教师以冷淡拒绝的方式对学生说"这与我无关"，或者"我没空"，师生沟通也许就会随之中断了。许多情况下，即使教师不能向学生提供支持或帮助，教师也需要坦诚地向学生说明原因，或者提出建议和想法，比如，告诉学生："我很想帮你，可我现在的确很忙，另外找个时间怎么样？"

3. 讽刺抱怨

当教师对学生的表现不满意时，讽刺抱怨学生也是一种为师生沟通设置"堡垒"的做法。教师对学生的讽刺抱怨也许是出于对学生"恨铁不成钢"的期待，由于对学生过高的期待，而产生了消极情绪，导致消极的表达方式。然而，当学生做错事情或出现问题时，教师如果讽刺抱怨学生"你还能做成什么，连三岁小孩儿都不如"，这样不仅难以解决学生的问题，反而容易激起学生的逆反心理或对抗情绪。如果教师换个方式对学生说"再努力一次也许就会成功"，这也许能更有效地解决问题。

4. 轻视贬低

比如，教师用轻视贬低的口吻对学生说："你这辈子算是没什么出息了"，这样的表达方式背后往往渗透着教师对学生发展不抱多大期望，这容易增加学生的被轻视感，产生无助感，于是学生在教师面前就不想再表现得"有出息"了。其实，对学生的表现不满意时，教师不妨给学生一些正面的表达，比如，"我希望你做得更好"或"你可以做得更好"。

消极的表达方式，也许会在短时间内起作用，但是，从长远来看，它往往会加深师生双方的误解，导致教师与学生沟通不畅，难以产生积极的教育效果，甚至产生不利于学生发展的"副作用"。比如：

> ➤ 失望地说："我看你是没有指望了！"
> ➤ 指责地说："你怎么又做错了？"
> ➤ 讽刺地说："你是猪脑子吗？"
> ➤ 抱怨地说："你怎么这么糟糕！"
> ➤ 反语地说："求你别给我添乱！"
> ……

上面这些话语在非常熟悉或非常要好的朋友之间也时有出现，但是，在好朋友之间如此表达的语气、语调会有所不同，其深层含义也截然不同。

因此，面对学生出现的错误或问题，教师与学生的沟通要尽可能避免使用这些消极的表达方式，而多使用一些积极的表达方式，比如：

> ➤ 鼓励地说："下次再努力！"
> ➤ 尊重地说："可能我没有讲清楚。"
> ➤ 理解地说："我知道你努力了。"
> ➤ 期待地说："下次你一定会做好。"
> ➤ 同情地说："我也感到很遗憾。"
> ……

 应对策略　运用积极的表达方式

一、积极评价：真诚赞美和鼓励

让我们再来看一看"国王的梦"这个寓言，它对人际沟通的启示在于表达方式比表达内容更重要，"不在于我们说了什么，而在于我们是如何说的"。良好的表达方式在教师与学生沟通之间也非常重要。许多时候，教师与学生沟通的出发点是为学生着想，是希望学生更好发展，但是学生却不领情，原因往往在于学生不接受教师说话或表达的方式。

消极表达方式在以往传统教育中有一定市场，比如，家庭教育中，棍棒底下出孝子，而在私塾学校里，教师可以打骂学生。在传统社会文化氛围中，一个人在家庭成长及学校学习过程中，往往会受到比较多的消极评价，指责与体罚的情况时常会发生。虽然现代社会逐渐强调师生之间、亲子之间平等相待，强调民主、平等、和谐的师生关系，但是"君君、臣臣、父父、子子"之类的观念仍然有所余存。当今社会，教师如果仍然用传统的眼光来看待学生，用消极的表达方式与学生沟通，就可能会导致学校教育的低效。

因此，教师应尽可能地采取积极评价的方式与学生沟通，真诚的赞美和鼓励就是两种简单而有效的积极评价方式。

1. 真诚的赞美

【案例 19】赞美表扬的功效

我有一个老同学在小学当教师。有一天我去他家做客，看到他心情非常好，面露喜悦之情，就问他有什么喜事。他笑着没有开口，他的妻子帮他解释，教委搞中小学教师论文比赛，他投了一篇论文，结果获了个三等奖，他们学校其他教师都没有投稿，就他一个老师投稿，因此校长在教师大会上表扬了他。

过了两个星期，我又去这位老同学家，看到他又面露喜悦之情，就开玩笑问他："是不是校长又表扬你了？"他乐滋滋地没有说话，他妻子又帮他解释："没有人表扬他，这是上次校长表扬的劲儿还没有过呢！"

可见，赞美和表扬的作用不小。然而，在现实生活中，人们似乎有一种错误的认识，认为只有幼小的孩子才需要大人的赞美和表扬，而事实上，即使成年人也需要赞美和表扬。

赞美和表扬是对学生已经表现出的良好行为的一种积极评价，比如，学生的考试成绩优秀，教师可以赞美和表扬，学生助人为乐，教师也可以赞美和表扬。赞美和表扬会激励学生更好的表现。

但是，有一位教师曾向我提出这样一个困惑："我在课堂上经常赞美和表扬学生，但是为什么对学生没有什么激励作用呢？"当继续与这位教师就此困惑深入探讨后，我发现问题并不是出在赞美和表扬本身，而是在于教师缺乏考虑学生的特点。

教师赞美和表扬学生是一种与学生积极沟通的表现，是否能收到良好的教育效果，并不完全在于赞美和表扬本身，它还需要教师充分考虑与学生有关的两个因素：一是学生的能力或水平高低；二是学生所完成事情的难度大小。

如果一个学生学习能力很高，完成一道简单的作业题目或做了一件简单的事情，那就不必大加赞美。正如让一个心智成熟的人做几道 10 以内的加法题，当他都能正确完成后，我们激动地赞美他："你真聪明！"他会有什么感受呢？他不能不认为："这是在污辱我的智商。"而当一个学习能力不高的学生，完成了一些非常难的作业题，即使他没有完成得很好，我们也应当予以赞美和表扬。

2. 真诚的鼓励

鼓励是对学生将要面临或从事活动的一种正面评价或积极暗示。比如，人们相互表达祝愿时经常使用的"祝你成功""祝你心想事成"等，就是一种鼓励的话语，它表达着人们对将来获得成功的期待。

因此，教师对学生面临的学业及相关任务应多多给予真诚的鼓励。比如，有一个学生在考试之前的一段时间显得非常紧张，教师微笑着对这个学生说："努力准备吧，相信你的能力。"这让学生感受到极大的鼓励，于是，充满信心地积极准备，并取得了不错的成绩。

现实生活中，人们对幼小的孩子也往往充满了鼓励，而随着孩子的长大，进入小学、中学，孩子在家庭教育中得到的鼓励就不像婴幼儿时期那么多了，同时，在学校教育中，学生得到的鼓励也随着年级提升有所减少，这似乎成了一种"规律"，但是又有些不符合人的发展规律。

比如，一个一岁的小孩子，正在学走路时会经常摔倒。他摔倒后会受到父母的指责吗？不会！父母一定会无数次地鼓励孩子重新站起来，欣喜地看着孩子再尝试一次。当孩子有一点儿进步时，父母就非常喜悦地赞美孩子："你真棒！"同时再次鼓励孩子："再来一次！"有谁见过，父母看到自己一岁的孩子学习走路摔倒后，就指责孩子说："你怎么搞的，又摔倒了！""你还走路干什么？你这辈子算完了！"但是，这种情况在孩子长大以后的学校教育和家庭教育中就会出现。为什么当孩子逐渐长大后，许多教师（也包括父母）就越来越不宽容孩子的错误或失败，当发现孩子出现问题或错误时，他获得的鼓励就远不及儿时那么多了。这说明教育者并不是不会鼓励，其实每一个教育者都会鼓励孩子，只是由于随着孩子长大，当教育者对孩子的认识与期待越发不合理，对孩子的教育理念出现了偏差或问题的时候，他们就有意无意地减少甚至失去了对孩子的鼓励。

对于教师来说，完全可以对学生的错误或缺点予以批评指正，这无可厚非，但不必以指责、抱怨等消极的表达方式予以引导，更多地应以积极的表达方式予以鼓励。即使批评教育学生，也应是一种积极的心态，以消极的心态来批评学生，就可能失去批评的积极作用，使批评变成了责备、抱怨。当然，教师面对学生的错误或缺点，更需要做的是给学生多一些宽容和接纳，多一些鼓励和理解，少一些消极评价，少一些指责和抱怨。每一个学生都有自尊心和自我评价，教师过多的消极评价往往使学生产生不被认可或不被接纳的感受，对学生的自我发展起到消极的作用。

学生发展不仅需要真诚的赞美，也需要真诚的鼓励，赞美和鼓励往往有着更为积极的作用。当然，对学生赞美或是鼓励的话语，都要发自教师的内心，是教师真诚的话语。如果教师仅仅是为了赞美而赞美，为了鼓励而鼓励，仅为了使用方法而使用方法，而教师内心里并不觉得学生值得赞美或鼓励，那么赞美和鼓励就难以发挥积极的教育作用，一旦被学生"识破"，反而可能产生消极的教育作用。

二、表达内心的感受

当教师针对学生出现的问题与学生沟通时，尤其当教师与学生之间的沟通出现冲突时，有的教师可能会从绝对权威的视角以消极的沟通方式来批评指责学生的错误，而有的教师可能采取一些积极的沟通方式引导学生意识到自身的问题或错误。

有一种良好的表达方式，就是表达内心的感受。"表达内心的感受"这种沟通方式强调，在教师引导或教育学生的时候，当教师发现学生的言行出现问题或错误时，当教师与学生出现沟通冲突或不一致时，如果教师希望与学生进行积极的沟通，如果教师希望学生对自身的问题有所认识和领悟，那么教师就不必把解决学生问题的焦点放在"学生的言行是如何错误"之上，而要把焦点放在自己内心的感受上。这就需要教师在处理学生问题时，首先考虑或意识到自己的内心是如何感受的、自己感受到了什么。

事实上，每一个人都是有自知力的，都对自己的行为和发展状况有着充分的自知。当人们自己的言行出现错误或缺点时，多数人能有所意识。对于中小学生而言，他们的认知发展虽然没有成熟，但是已经形成了基本的自我认识与评价。如果教师以消极情绪表达来面对学生的问题，就往往不利于引导学生发现自己的问题或错误，也不利于学生积极的自我改正。

教师不必指责抱怨学生的错误或问题，而不妨告诉学生自己的内心感受，也许会收到出其不意的效果。比如，学生上课迟到了，教师与其把关注的焦点放在学生的错误上，生气地指责学生："你怎么搞的"，或者拒绝学生的解释"你不要狡辩"，不如对学生说出自己的感受，听听学生的解释。如果学生的迟到让教师感到心情不好，不妨直接告诉学生："你迟到让我心情不好。"再比如，教师发现学生做错了事情，与其指责学生"这太糟糕了，你怎么又做错了"，不如表达内心的感受，对学生说："我对此感到有些遗憾"。

至于学生是否会改变和如何改变，可以"放权"给学生自己去解决吧，这也是一种对学生成长的信任。而且，"表达内心的感受"的做法更有利于激发学生更好地自我反思，从而自觉改变和调整自己的行为。

然而，在学校教育管理中，有些教师常常习惯于关注学生的错误或问题，喜欢评价学生的错误或问题，而倾向于掩饰和回避表达自己的真实想法和情感。当教师与学生发生沟通冲突时，当学生的做法或行为方式让教师不满意时，一些教师往往迫切希望使学生有所转变或改正。这种情况下，教师的关注点容易放在学生的错误或问题之上，就可能采用否定、指责、抱怨、轻视、甚至讽刺、嘲笑等消极的表达方式。然而，这些做法并不利于真正解决问题。相反，这些不良的表达方式是打消学生自信心的有效方式，是疏离师生感情甚至导致关系紧张的催化剂，是降低学生自尊和自我价值感的暗箭。因此，在与学生的沟通过程中，教师要采用积极的表达方式，善于表达自己内心的感受，来取得更好的沟通成效。对于"表达内心的感受"这种方式，还将在本章最后的"拓展案例"中，结合案例18，再深入探讨。

三、与学生沟通的"RULE"法则

本书的第六、七、八、九章分别讨论的是关于尊重、理解、倾听与

表达四个方面的内容。在师生沟通过程中，这四方面的内容有先后顺序可循，即尊重理解在前，倾听表达在后。教师首先要尊重学生，尊重是有效沟通的前提，然后教师要向学生传递理解，理解是有效沟通的保障，之后教师要注重倾听学生的想法和心声，充分的倾听是表达的基础。这四个方面构成了教师与学生沟通的"四部曲"，这就是教师与学生沟通的"RULE"法则。

"RULE"分别由"尊重"（Respect）、"理解"（Understand）、"倾听"（Listen attentively）、"表达"（Express）四个英文单词的第一个字母组成，恰恰构成了"RULE"，即法则或规则。

师生沟通"四部曲"

R——尊重（Respect）

U——理解（Understand）

L——倾听（Listen attentively）

E——表达（Express）

这正是有效沟通所要强调的，即教师与学生的沟通有"法"可依，遵循一定的法则或规则。俗话说，没有规矩不成方圆，如果教师与学生的沟通忽视了"RULE"法则，那么沟通就有可能中断，难以持续下去，也难以取得实效。这个沟通的"RULE"法则强调教师与学生沟通要始于对学生的尊重，在充分了解和理解学生的基础上，用心倾听学生的心声，然后再向学生表达期待或良好的愿望。

当然，这一沟通的"RULE"法则不仅适用于教师与学生的沟通，在许多人际沟通过程中都适用，比如，校长与教师之间的沟通，也要有充分的尊重、理解、倾听和表达。此前已经出版的《校长与教师的心理沟通》一书中，对此也有详细深入的讨论。在学校教育管理中，我们不仅希望教师能尊重、理解学生，注重倾听学生的心声，向学生表达自己的期待和愿望，同时，我们也希望教师能充分得到校长的尊重和理解，希望校长能注重倾听教师的心声，向教师表达深切的期待和美好的愿望。

与学生沟通的谈话技术

一、与学生谈话前的准备工作

教师与学生谈话之前需要做一点儿准备工作，比如，教师要尽可能多地了解学生身心发展的一般规律、发展特点，尽可能多地了解和熟悉与学生谈话的有关内容，整理与谈话有关的信息或资料，要想清楚向学生提出什么问题，如何提，如何避免把谈话引到无关话题上，等等。此外，条件允许的话，还可以考虑选择适当的谈话时间和地点，比如，在办公室与学生谈话是一种效果，而与学生在餐厅或教学楼楼道谈话就可能是另一种效果。

二、谈话中向学生提问的方式

提问是教师与学生谈话的一种参与技巧，它通过教师向学生询问或设置问题，来表达自己的观点或愿望，以激发学生表达自己的想法或观点的愿望，从而使学生更加积极地参与到沟通过程中来。积极的提问方式有助于更加有效地建立教师与学生的人际沟通。

1. 封闭式提问

这种提问通常使用"是不是""对不对""有没有"等话语，回答往往也只能用"是""否"等肯定或否定的简单答案。

这种提问的优势在于教师可以快速简洁地获取学生对事情的观点或态度，从而对学生的发展现状有所判断，它有助于澄清事实，缩小讨论范围，调控谈话的方向。

但是封闭式提问也有一些不足之处，教师过多使用封闭式提问，不利于教师获得更为丰富的信息，不利于教师全面深刻地了解学生，反而会突显教师在沟通过程中的强势地位，从而可能会使学生产生被控制感或被压制感，陷入被动应答之中，有可能降低学生继续沟通的愿望和积极性，甚至导致学生在谈话过程中保持沉默。特别是对受暗示性较高的学生来说，教师的封闭式提问有可能使他们偏离想要表达的本意，使他们对自己所要沟通的内容产生模糊的认识，从而误导沟通的方向。尤其在面对学生群体进行沟通时，封闭式提问的暗示性就可能更大，学生很容易从教师或其他同学的表情判断出教师期望回答"是"还是"否"。

比如，课堂教学过程中的师生沟通，教师使用封闭式提问，学生很容易异口同声回答"是"或"不是"，"对"或"不对"，即使学生对教师提出的问题并不懂，但是仅凭教师提问时的语气或语调，就知道要回答何种答案，因此，有效的课堂教学不提倡教师过多地使用封闭式提问，尤其不提倡对全体学生使用封闭式提问。教师过多使用封闭式提问，表面上看来体现了学生充分的课堂参与，学生声音洪亮地集体回答，课堂气氛很不错，但是这并不利于教师了解学生的真实学习状态，许多学生只是"虚假"地参与，这反而可能误导了学生的学习，也误导了以后的教学进程。

因此，在教师对学生情况不了解，想要获得有关学生的丰富信息的时候，最好避免过多使用封闭式提问。过多的封闭式提问容易导致教师过于主观地、想当然地猜测学生的想法和心态，却又可能猜测不准确或猜测不到位，这样反而会误导以后的师生沟通，甚至导致学生对教师产生不信任感，回避与教师沟通。

2. 开放式提问

这种提问通常使用"什么""如何""为什么""能不能谈一谈""愿不愿意说一说"等开放式的词语来提问，引导学生就有关问题、想法、观点给予详细阐述。开放式提问往往没有设立固定的或准确的答案，它可以给学生充分地发表意见、建议或想法的空间。在师生沟通的过程中，开放式提问往往能给教师带来丰富的学生信息，有助于教师全面深刻地了解学生的发展现状及其相关问题。

> **开放式提问的作用：**
> ➢ 带"什么"的提问往往能获得一些事实性的信息或资料；
> ➢ 带"如何"的提问往往牵涉某一件事的过程、次序或情绪性的事物；

> ➢带"为什么"的提问可以引出一些对原因的探讨，引导人们深入阐明观点或想法；
>
> ➢有时用"愿不愿""能不能"起始的询问句，表面上看来是封闭式的问题，实际上它具有开放式提问的性质，它可以启发和促进学生主动表达对事物或问题的认识。

不论是封闭式提问，还是开放式提问，教师都要注意紧密围绕沟通目的，提问的方式、语气要平等、接纳、真诚，避免质问或居高临下地向学生提问，避免使学生产生被动沟通的感觉。教师要意识到即使是同样一句话，以不同的神态、语气、语调来提问，或者教师以相同的神态、语气、语调向不同的学生提问，都可能产生不同的沟通效果。并且，一般而言，教师向学生提问的目的是为了了解学生的情况，为了解决学生的问题，为了促进学生的发展，而不是为了满足教师自己的好奇心，特别是对一些与学生切身利益较为紧密或敏感的话题的提问要注意学生的接受程度。

对于选择何种提问方式而言，封闭式提问与开放式提问各有优势和不足，师生沟通过程应侧重于使用开放式提问，并可以考虑把两者结合起来使用，避免单一的提问方式可能给学生带来的过大压力和不良暗示。

沟通过程中不同的提问方式只是一种技术，它是为沟通目的服务的。如何有效使用提问方式，这与教师的学校教育理念和对学生的认识与理解紧密相关，也与教师与学生沟通过程中对这一技术的实践运用和体会密切相关。

下面是两种课堂提问方式，我们经常使用哪一种呢？哪一种课堂提问方式更有助于实现有效师生沟通，更有助于提高课堂教学效率呢？

两种提问方式："你听清楚了吗？"与"我讲清楚了吗？"

在课堂教学过程中，或者开班会时，教师常常希望了解学生听的情况，于是教师经常会问学生："你听清楚了吗？"或"你听懂了吗？"而很少有教师会问学生："我讲清楚了吗？"在我们的传统教育教学中，"听清楚了吗？"这种提问方式经常出现在教师与学生之间，尤其在课堂教学过程中。

教师可以考虑改换一种提问方式，把"听清楚了吗？"改换为"我讲清楚了吗？"这两种提问的目的都是为了了解学生是否清楚教师所讲的教学内容或所传递的信息，但是，这两种提问方式却蕴含着不同的沟通理念，意味着两种不同的责任归属。

当教师问学生："听清楚了吗"，学生往往会回答："听清楚了"或"没有听清楚"。如果学生回答："没有听清楚"，那么教师会做出何种反应呢？许多教师很自然会做出这样的回应："你没有听清楚，你是怎么听的？你好好听！"也许教师未必这样说出来，而是心里暗暗这样认为。

然而，如果教师问学生："我讲清楚了吗"，情况就有所不同了。学生往往会回答："讲清楚了"或"没有讲清楚"。如果学生回答："没有讲清楚"，那么教师又会做出何种反应呢？教师往往会自然回应："我没有讲清楚，那我再认真讲一遍。"

可见，这两种提问方式，前者把学生是否"听清楚"的责任归于学生没有认真听，而后者把学生是否"听清楚"的责任归于教师自己没有讲好，因此，"我讲清楚了吗？"这种提问方式更体现着教师作为学校教育者对学生负责的态度。

因此，当教师通过课堂教学向学生传递教学内容，或者向学生表达某种观点或想法时，教师想了解学生是否掌握或理解时，应更多关注自己是否运用恰当的方式把相关信息清晰地传递给学生，因为教师有责任把教学内容或观点讲清楚。

当然，我们真正需要认识的是这两种提问方式背后的不同理念，掌握"我讲清楚了吗？"这种提问方式背后的理念，而不仅仅是学会这句话。这种提问方式的话语本身只是形成，良好的教育和沟通理念才是其实质。

三、引导学生谈话的技术

1. 重复技术

重复技术也称为复述技术、鼓励技术，即在与学生谈话的过程中，教师直接重复学生的某些话语或个别字词，从而强化学生谈话中所叙述的内容，并鼓励其进一步讲下去。

重复技术在教师与学生的沟通过程中具有重要的价值，它可以有效帮助教师进一步了解学生的想法和观点，促使谈话沿着一定方向继续。教师对学生谈话内容中的不同话语或字词进行重复，表明教师所关注的重点或主题有所不同，因此重复技术有助于教师引导学生就不同主题进一步加以充分表达。

教师在使用重复技术时，要注意选择好重复的话语。重复的话语往往是谈话过程中关键性、值得进一步探讨的部分；重复的话语往往是学生所说的原话，而不是教师用自己的话语所进行的描述；重复的话语往往是学生当前的感受或观点，而不是过去的经验；重复的话语往往是学生本人的感受与想法，而不是别人的感受与想法。

一般情况下，在表达过程中，学生所说的一段或一句话的后面部分，常常比其他部分更重要，教师可以选择进行重复。比如，学生说道："我觉得现在考试没有实际意义"，教师可以用关注或疑问的语气重复后面的六个字"没有实际意义"，进而引发学生对此加以解释，促进学生进一步表达自己的观点或想法。

2. 反应技术

反应技术是教师与学生沟通过程中的一种积极参与的技巧，它通常能促进学生更充分地思考和分析问题，从而更加积极地参与到谈话中来，能更有效地在师生之间建立人际沟通关系。反应技术主要包括两方面：内容反应和情感反应。

（1）内容反应技术

内容反应技术又称为释义、简述语意，即教师把学生谈话中表达的主要话语、观点或想法，加以概括整理后，用教师自己所理解的话再反馈给学生，以引导学生进一步表达。比如，在学生发表某些观点或想法之后，教师对学生表达的内容做出反应："你刚才说的意思是不是……"

内容反应技术有助于减少师生之间的沟通误会，使学生有机会再次澄清自己的想法或观点，有助于教师更为充分地理解学生的想法或观点，有助于学生对没有表达清楚的内容重新组织和阐明，以深化谈话内容。

内容反应技术在教师与学生谈话的不同阶段都可能使用，它是对学生不同说话内容的重新表达，但是，与重复技术不同，教师在使用内容反应技术时应注意尽量使用自己的话语来表达，而不是原样重复学生的话语。当然，教师对学生谈话内容做出的反应，要围绕着学生说话内容的真实意思，不能额外添加教师自己的想法或删减学生所叙述的实质内容。

（2）情感反应技术

情感反应技术是指师生沟通过程中，教师对学生话语中包含的情绪、情感信息概括整理后，用自己所理解的话语或表情反馈给学生，以表明自己是否准确把握学生话语中的情绪情感信息。恰当地运用情感反应技术，有助于建立良好的人际沟通关系。比如，当学生正在苦恼地叙述自己遇到的问题和困惑时，教师可以用适当的话语向学生传递对学生情绪情感的理解，告诉学生："你遇到的这种情况的确让人感到苦恼""谁遇到这样的事情都会感到困惑的"，等等；教师也可以用表情对学生的话语做出情感反应，比如，教师微微皱眉或眼神略显凝重，可以向学生传递理解的信息，提高学生对教师的信任感。

在谈话过程中，教师使用情感反应技术有助于学生觉察到教师对自己的情绪或感受的理解，有助于学生重新审视自己的情绪或感受，也有助于教师进一步准确地理解学生的这些感受。

运用情感反应技术时，教师对学生话语所做的情感反应，要准确反映学生的感受，不能扩大或减少其所表达的情绪或情感。教师不仅要对学生话语中所表达的情绪情感做出反应，也要对学生非言语的表情中所包含的情绪情感做出反应。教师所使用的话语，尽量不要重复学生的话语。教师对学生做出恰当情感反应的焦点或关注点应放在沟通过程中学生此时此刻的情绪情感上面。

概括而言，教师运用内容反应技术和情感反应技术，所反应的是学生的话语和表情所表达的主要观点、思想和情绪情感，它们可以通过许多方式和途径来实现，比如，与学生沟通过程中，教师的点头、微笑和专注的倾听、理解的话语等都可以成为对学生的积极反应。

在师生沟通过程中，面对学生的话语，教师可以综合运用内容反应技术与情感反应技术，对学生谈话内容中所表达的内容和情绪情感进行归类、概括和整理，充分体现教师对学生谈话内容及其情绪情感的准确把握和理解，向学生传达自己积极的沟通态度，使学生充分体验到教师的理解和信任，引导学生充分叙述，吐露心声。

3. 解释技术

解释技术是提高教师与学生沟通质量的重要方式，它是指教师运用有关教育学、心理学的理论或观点对学生话语中所传递的认识、情感和行为产生的原因或过程加以概括和解释，它有助于教师向学生传递充分的理解，有助于学生认识自我和理解自我，从而有助于学生接受教师的教育、引导或帮助，更好地解决问题，获得发展。

解释技术是最为复杂多样、最富有灵活创新性的技术。在与学生的沟通过程中，教师对学生的所思所想有效使用解释技术，首先教师要有良好的教育思维境界和理论修养，对学生有科学合理的学生观；其次应该了解学生的发展特点和具体情况，比如，学生的个性特征、学业状况、知识水平、领悟能力，等等。如果教师对学生的情况不太清楚，就难以做出准确的"解释"，难以恰当发表个人观点和看法。

在使用解释技术时，教师要准确理解学生的话语，理解学生的所思所想，才能做出恰当的解释。如果教师对学生话语的理解模糊不清或前后矛盾，那么解释技术就难以收到良好的效果，甚至起相反作用。如果教师对学生缺乏全面的了解，仅仅凭感觉和经验来理解学生的问题，而对学生的问题缺乏较为深刻的概括化和具体化，那么教师做出的"解释"就可能过于表面和空洞，从而干扰学生进一步表达，甚至导致误会。因此，教师要有效地运用解释技术，避免对学生产生消极影响。

> ➢ 解释技术要减轻学生谈话或沟通的心理负担，而不应增加学生心理负担；
>
> ➢ 解释技术要简明清晰，易于学生理解，而不应过于深刻，使学生不能很好理解；

> ➤解释技术要基于学生已有的理念或观点，而不应与学生坚信的理念或观点相矛盾；
>
> ➤解释技术要帮助学生理解和面对自己的问题或困惑，而不应让学生的问题或困惑变得复杂化，难以面对。

4. 追问技术

追问技术是教师就一些希望深入了解的问题或内容向学生提问，以引导学生更全面、更充分、更准确地进一步表达。比如，当学生轻描淡写地谈及家庭对自己的学业有干扰时，教师可以使用追问技术："刚才听你说对家里的学习环境不满意，能不能具体说一说？"这有助于学生进一步自我阐明或剖析，有助于教师深入了解学生问题或情况的深层原因。

在与学生谈话沟通时，教师对可能出现的追问内容可以预先设计和思考。追问技术的使用要以尊重学生为前提，在追问过程中教师要充分尊重学生的人格，尊重学生的隐私权和话语权，尊重学生的表达意愿。师生沟通时，有时可能会遇到一些属于学生思维敏感或隐私的话题，教师使用追问技术时要谨慎面对，根据学生的个性特点、师生沟通氛围等因素酌情使用。

在与学生谈话过程中听到学生倾诉的话语时，教师该如何使用不同的谈话技术呢？下面举例加以说明。

一名初三学生找教师谈心，他非常苦恼地向教师倾诉："我父母总以他们的眼光看待问题，一点儿都不允许做与学习无关的事情，我真的与父母无法沟通。"教师该如何回应呢？

下面是教师运用不同谈话技术所做出的回应，它们对师生谈话有着不同的导向。

表8　不同谈话技术的导向作用

谈话技术	教师的回应	导　向
重复技术	教师用疑惑的语气重复学生的话语："与父母无法沟通？"	表明教师的关注，有助于引导学生进一步说明原因。

续表

谈话技术	教师的回应	导　向
内容反应技术	教师对学生说："你觉得父母过度关注你的学习，是这样吗？"	对学生话语传递的信息予以理解，有助于学生感受到这种理解，促进谈话继续。
情感反应技术	教师通过皱眉向学生传递对学生心情的理解，或者教师看到学生苦恼的表情，对学生说："这的确让人感到苦恼。"	对学生的心情予以理解，有助于提升学生对教师的信任感，强化学生进一步表达的意愿。
解释技术	教师对学生说："你的父母好像非常关心你的学习，但是，你是觉得你的父母并不理解你，这让你感到很苦恼，是吗？"	教师对学生认为自己"与父母无法沟通"的原因做出解释，引导学生进一步分析原因。
追问技术	"能不能谈一谈你小的时候，父母是如何教育你的？"	有助于了解与学生"问题"有关的更多信息。

　　教师每天面对的教育教学情境有的繁杂，有的简单，师生沟通情况也多种多样。在与学生沟通的过程中，教师使用不同的谈话技术往往会产生不同的话语导向和不同的效果，那么具体如何使用呢？这需要教师理解谈话技术的内涵，掌握谈话技术的操作方式，根据具体的教育情境，面对学生具体的问题情境，加以分析和使用。

不指责，不抱怨，表达内心的感受

【案例 20】不指责，不抱怨，表达内心的感受

　　在本章开始的案例 18 中提到，有位心理教师应邀为某中学初三学生做讲座，校长对这个初三班级的认识是课堂秩序很乱，学生思维过于活跃，非常调皮，学习成绩也不好。

　　当这位心理教师走进教室，正准备开始讲座时，靠窗户的一位学生先说话了。这个学生显得非常兴奋地看着老师，声音响亮地说："嘿！那个男的，你过来。"全班学生都听到了这个学生如此与老师打招呼，许多学生都露出了诡秘的表情。当心理教师听到有学生这样向自己打招呼时不禁愣住了，一时间不知该如何回答。

这位心理教师是如何处理这一问题情境的呢？事实上，他正是采用"表达内心的感受"这种积极的表达方式非常好地处理了这一"突发事件"。听到学生的招呼后，心理教师并没有批评这个学生说话缺少了一些礼貌，也没有指责这个学生的言行不恰当，而是把问题的焦点或关注点放在自己对学生话语的感受上。于是，心理教师在愣了片刻之后，平静地对这个发问的学生说出了自己的感受："你这样叫我，我心里不舒服。"这的确是这位心理教师内心真实的感受。

当听到老师这样回应时，这个打招呼的学生没有再说话，于是老师开始为全班学生做讲座。老师并没有费心去维持学生的秩序，一节课很快过去了，教师对同学们说再见，同学们鼓掌表示欢送。

但是，让这位心理教师有些出乎意料的是，讲座结束后，当他走出教室时，那位"打招呼"的学生主动追出教室。在楼道里，他喊住老师。当然，学生并非来向老师道歉的，而是把自己厚厚的一本日记交给老师，请老师看看自己的日记，帮助分析一下自己是否有心理问题。心理教师深刻感受到学生对自己充满了信任，这种信任似乎是在一瞬间建立起来的。他知道这种信任应该就是自己向学生"表达内心感受"的时候建立起来的。

想一想，面对初三这个容易产生逆反心理的年龄阶段的学生，如果这位心理咨询教师面对学生如此发问不是采用表达内心感受的方式，而是以质问或指责的方式对学生说："你懂不懂礼貌？"或"你怎么这么没有家教？"那么会出现怎样的情景呢？可以想象，这种质问很可能将引起教师与学生之间的一场对抗，老师的讲座又该如何进行下去呢？试想，如果这位同学面对老师这样的质问，而抬扛地反问一句："老师，你说说我错在哪了？"或者学生故意问老师："怎样算是懂礼貌，怎样算是有家教？"那么教室将会是怎样一种氛围呢？可想而知，心理教师的讲座恐怕是难以进行下去了。

而心理教师采用表达内心感受的沟通方式，既没有认同学生"打招呼"的做法，暗示这个学生的做法欠妥当，又没有当众指责或批评这个学生，而给学生一个很不错的"台阶"下。因此，成功地避免了与学生之间有可能发生的沟通冲突，使讲座得以顺利进行，尤其讲座之后这个学生主动找教师，想请教师分析一下自己的心理，可以看出"表达内心的感受"对学生起到了良好的引导作用。

第十章　沟通保障：积极的情绪

　　——积极情绪是有效师生沟通的有力保障，面对学生发展过程中出现的问题或不足，教师要为学生的发展着想，不要为学生的发展着急。

发牢骚，疏离师生情感的催化剂

【案例 21】发牢骚，疏离师生情感的催化剂

　　面对繁杂的学校教育教学工作，许多教师可能会感到"压力很大""心情紧张或焦虑"，也因此有可能产生一些消极的工作情绪。从学校管理者的角度来看，对教师应该能够予以充分理解，但是，从学生的角度来看，学生是否能够充分地理解教师呢？

　　我曾去一所中学做课题调研，当时高一班级的学生们就向我讲述了他们的班主任教师经常在全班同学面前发牢骚的事情。学生们表示，教师经常在开班会时或课堂上对学生发牢骚，抱怨自己为学生们付出很多，为了学生们的进步操碎了心，甚至连自己的孩子都没有时间照顾，等等。学生们的各种问题或错误都会惹来教师的数落，比如，学生上学迟到了，肯定会听到教师长时间的牢骚，这让学生们在班级里都有谨小慎微的感觉。

　　应该说这位教师带班非常辛勤努力，但是学生却告诉我，每次教师发牢骚使得学生们深刻感受到的并不是教师的辛苦付出，而是困惑、反感和不知所措，尽管教师发牢骚的出发点可能是期望学生们能更好发展。甚至有一个学生认为，教师发牢骚很滑稽、很讨厌。学生们表示，尽管能够认识到教师的确为班级和学生发展做了很多事情，但教师经常发牢骚和抱怨学

164

生，这让学生们的心情很郁闷，班级士气低落，不得不对教师敬而远之。

最为关键的是班级的考试成绩反而下滑了，教师的"苦口婆心"并没有让学生们的学习有进步，不能不说这与教师的消极情绪有很大关系，教师并没有反思自己的情绪问题，而是在班级中一味地向学生发牢骚，抱怨学生，结果师生关系搞得非常紧张，学生的情绪也非常低落。

当我了解到这种情况之后，考虑再三，还是找了个适当的时机，鼓起勇气向这位教师"转告"了学生们的感受。我有点儿担心教师对此不接受，反而起到负面作用。不过，这位教师的反应打消了我的顾虑。这位教师恍然大悟："我从来没有想到会是这样啊！"他告诉我，他如此对待学生的本意是希望得到学生们的理解，让学生感受到教师的不易，希望以此来激励学生，引导学生们都来关心班集体，更好地投入学业活动中。于是，这位教师很快意识到发牢骚是无济于事的，也很快发现教师良好的情绪状态更能感染学生。

 缓解压力，调控情绪

一、教师的工作压力

发牢骚或抱怨往往是心理压力较大的外在反应。对于案例 21 中的高中教师而言，他的确承受着较大的教育教学工作压力和学生升学考试的压力。也许由于期望过高，因此更加重了他的心理压力。

职业心理压力是影响教师工作效率的重要因素，过大的职业压力可能会导致教师产生一些心理健康问题。已有研究表明，职业压力过大会导致教师面对教育教学工作出现消极的心理与行为表现，比如，行为冲动、易激动、易激惹、情感失常、工作怠慢，甚至职业压力过大也可能会对教师的生理健康带来不利影响，比如，经常感冒、暴饮暴食或食欲不振等。

当前，导致教师职业心理压力过大的因素主要有以下三个方面。

1. 社会与教育因素

我国正处于社会转型时期，社会变革对教师的职业内涵提出更新、更高的要求，社会对教师过高的期望，社会提供给教师的经济和精神待遇等都会导致教师产生较大的工作压力。就教育发展而言，我国教育革新和新课程改革等因素也给教师带来一定的工作压力。

2. 学校因素

首先，多数教师的教育教学工作量较大，课时较多，面对学生的人数较多，等等，这都给教师带来较大的工作压力。其次，学校管理及教师工作评价存在的问题，也可能会给教师带来压力，比如，当学校用学生的考试成绩这一唯一标准来衡量教师的工作业绩时，当考试成绩与教师的奖惩、评聘直接挂钩时，就往往增大了教师的心理压力。最后，学校的人际关系问题，尤其是师生关系问题都会影响教师的心态，导致教师产生较大的心理压力。

3. 教师自身因素

过大的职业压力也与教师自身的因素有关。影响教师职业压力的内部因素有很多，比如，由于教师对自我发展的期望值过高，对学生的期望值过高。尤其，当教师过高的期望值与自身的能力和素质不相符，或者现实条件难以实现时，就容易使教师产生过大的心理压力。

综合来看，社会、学校、教师自身都对教师职业发展提出了不同的要求，比如，学校往往要求教师成为学生的知识传递者、思想指引者和行为管理者；社会经常要求教师成为模范人物甚至英雄人物；家长作为社会因素的重要组成部分时常要求教师成为自己的代理人或孩子的监护人；而教师也常常要求自己成为教育教学的专家或权威，等等。然而，对教师的许多要求常常既不切合实际又相互矛盾，它们都可能给教师带来较大的心理冲突和职业压力。

二、教师要调控积极情绪

从案例 21 中可以看出，消极的情绪很容易导致教师教育教学与管理工作效率降低。在学校工作中，教师经常要面对纷繁复杂的教育情境，面对各种学生及其问题，不如意的事情时有发生，它们都可能影响到教师的工作情绪，而消极的工作情绪反过来会干扰教师的教育教学成效，因此教师拥有积极的工作情绪就显得尤为重要。

在与学生的沟通过程中，教师要调控好自己的教育教学情绪，多从学生的角度思考问题，而不是更多地要求学生从教师的角度来看待问题。教师要学会调节不良情绪，缓解工作压力，教师要善于转换视角和思维方式，要认识到"发牢骚"等沟通方式只是一种回避问题的消极情绪表现，这种消极情绪传递给学生的往往是一些消极的信息，因此没有多少学生乐意接受教师的牢骚。事实上，经常发牢骚不仅无助于缓解教师的心理压力，相反很容易引发新的师生人际矛盾和沟通冲突，从而使教师产生更大的心理压力。教师作为学校人力资源的核心教育力量，需要调节不良情绪，不良情绪很容易"感染"到班级的学生，也容易"感染"到学校的其他教师。

因此，教师在学校教育教学工作中，需要觉察并调节自己的不良情绪。在与学生的沟通过程中，可以有意识地审视自己的情绪状态，分析不良情绪的原因，并积极加以调控，用良好的情绪对学生产生积极的影响。

调控不良情绪，获得积极情绪的方式有很多，比如：锻炼身体、听音乐、接受责任、转变思维、主动寻求支持、正确认识学生，等等。其中，一种比较简单而行之有效的方式就是"情绪调节的 ABC 理论及技术"。对此将在本章"自我提升"部分详细说明。

基于这一情绪调节"技术"，教师不必刻意压抑自己的不良情绪，而是可以通过调整或转变认识或观念来从根源上调控好自身的情绪状态。针对引发自身不良情绪背后的认知或信念，加以改进和完善。

从心理过程来看，人的情绪往往是由人对事情的认识与评价所引发的，所谓"知之深，爱之切"。如果在教师的认知结构或观念体系中对学生总是消极认识与评价，它就可能总是引发教师指责或抱怨学生；相反，如果教师总是积极地看待学生，就可能以积极的心情面对学生。如果教师不接纳学生的问题或错误，每当发现学生出现错误时，就很容易对学生发牢骚或抱怨；相反，如果教师认为学生犯错误是正常现象，就会以积极的心情来教育引导。诸如此类的情况，我们往往可以从教师的认识误区中找到根源所在。比如，教师认为"我上课讲过的题目，学生就应该懂了"，那么当遇到学生做错了这样的题目时，教师就可能产生认识冲突，难免不为之产生消极情绪。

事实上，教师如果缺乏良好的情绪调节和应对方式，不能及时缓解过大的心理压力，不但会干扰学校教育教学工作，而且有可能进一步增加教师的负面情绪。尤其，当教师面对较高的社会期待、繁杂的教学事务以及过强的自我发展动机时，情绪问题就可能变得更为严重。

 应对策略 **以积极的情绪与学生沟通**

一、教师要了解情绪的作用

情绪是人对客观事物的态度体验及相应的行为反应。情绪这一心理现象往往伴随着以下三方面的内容。

一是主观感受。主要是指人的需要是否获得满足以及满足的情况如何。比如，如果客观事物符合个体的需要，就会产生积极的情绪体验；如果没有满足就可能产生消极的情绪体验。

二是外在行为表现。当一个人产生某种情绪体验时，一般会伴随着某些行为变化，比如，表现出相应的面部表情、身体表情和言语表情，或者以一些行动来表达情绪。

三是生理特征。情绪往往与人的生理活动有着密切的关系，许多情绪都可以在人的呼吸系统、循环系统、消化系统等生理基础上有所反映，比如，情绪激动时，血压会升高；情绪沮丧时，消化功能会减弱。

情绪本身并没有好坏之分，但是不同的情绪针对不同的人或事物往往产生不同的作用和效果，据此情绪可以分为积极情绪和消极情绪两大类。积极情绪往往对人的行为起促进和增力作用；而消极情绪则对人的行为起削弱和减力作用。人长时间陷入消极情绪之中，会损害其身心健康发展。

因此，对于教师与学生的沟通而言，教师应该学会适时适度地调控和表达自己的情绪。尤其，由于学校教育教学工作是一项非常复杂而充满智慧的工作，教师经常处于复杂多变的教育教学问题带来的应激情绪之中，因此教师有必要了解情绪的作用，积极面对和调节好自己的情绪，以积极的情绪与学生沟通。

二、教师要关注自身的积极情绪

在学校教育工作中，教师经常要面对各有特色的学生和纷繁复杂的事务，因此并不是所有的事情都一定会让教师满意，各种不如意的事情都可能会干扰教师的教育教学与学生管理。就师生沟通而言，教师作为教育者保持积极的情绪状态显得尤为重要，为了就有关教育教学问题与学生达成有效的沟通，教师要积极关注自身的情绪状况，以积极的情绪面对学生及其问题。

教师的情绪对学生的情绪具有很大的感染作用，对学生的认知与情感等心理内容具有组织和调控作用。如果教师拥有积极的情绪情感，并能够对不良情绪适当地加以调节和控制，那么自然会得到更多学生的接纳和喜爱，这将有助于建立良好的师生关系。教师积极的情绪有助于师生之间形成良好的人际沟通，有助于向学生传递积极的生活信念和价值观，还有助于改善教师的免疫系统，从而增强对疾病的抵抗力。相反，冷漠、暴躁等消极情绪不仅妨碍良好师生关系的建立，而且可能导致教师自身出现心理健康问题，甚至危害教师自身的身体健康。

那么，教师如何形成积极的情绪状态呢？以下两方面值得注意。

一方面，在与学生沟通之前，教师应有意识地关注自身的情绪状态，如果情绪状态不好，很可能会干扰沟通，因此教师应调整认知和观念，保持良好的情绪状态。教师不应让一些令自己烦心的事情以及自己先前不愉快的情绪来干扰师生沟通，更不能在与学生沟通时把先前的愤怒等消极情绪转嫁于学生。保持良好的情绪有利于教师理性、客观地与学生沟通。

另一方面，教师不应该因为学生本身的问题或错误而产生不良情绪。比如，有位教师每当发现学生的学业出现问题或存在不足时，就表现得很生气，经常表露出失望的表情，甚至有时指责、抱怨学生。许多学生都心情郁闷地表示，教师的这种情绪状态使得学生们都很怕这位教师，因此对教师敬而远之。再比如，有位学生上课迟到了，教师就严厉训斥，显得很生气的样子，而不给学生解释的机会，这让学生们都谨小慎微，回避与教师沟通。教师以如此消极的情绪对待学生，与学生沟通的低效就可想而知了。

自我提升 **树立合理观念，调节积极情绪**

一、情绪调节的 ABC 理论

教师的消极情绪容易影响师生沟通的质量，这就需要教师进行积极的调节和控制。积极情绪调节的方式有很多，这里介绍一种简单且行之有效的情绪调节技术——情绪 ABC 理论。该理论是由美国临床心理学家阿尔伯特·艾利斯（Albert Ellis）于 20 世纪 60 年代创立的一种心理调节体系。之所以称之为"ABC"理论，因为这三个字母代表了该理论的核心内容，其中：

> "A"（Activating Events）指诱发性事件
> "B"（Beliefs）指诱发事件之后的信念
> "C"（Consequences）指情绪及行为的结果

这个理论认为人的认识倾向中有积极的成分，它帮助人们趋向于成长和自我实现；也有消极的、非理性的成分，比如有的人倾向于以偏概全，有的人倾向于过于追求尽善尽美，有的人倾向于对他人过高要求，过于苛刻，还有的人倾向于夸大事件的负面危害，等等。这些非理性的认识偏差或认识误区导致人们产生消极情绪。

因此，该理论认为，人们所产生的情绪及行为结果（C）不是由某一诱发性事件（A）本身所引起的，而是由经历了这一事件的个体对这一事件的信念或对事件的认识与评价（B）所引起的。

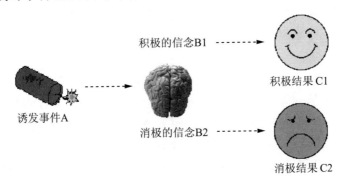

积极的信念B1

积极结果C1

诱发事件A

消极的信念B2

消极结果C2

图 17　情绪结果的诱因

从心理过程来看，人的情绪往往是由人对事情的认识与评价所引发的。即使同样的诱发事件（A），由于人们对它的认识或信念（B）不同，就会出现不同的情绪和行为结果（C）。也就是说，诸如"学生迟到"之类现象本身并不是引起教师消极情绪反应的直接原因，教师对学生迟到的认知与评价才是引起其不良情绪反应的直接原因。

二、为学生着想，不要为学生着急

在教育教学及学生管理过程中，教师有必要形成这样的思维习惯或方式：为学生着想，不为学生着急。"为学生着想"是教师教育理性的表现，它有助于教师积极寻找解决问题的方法，而"为学生着急"则是教师非理性的表现，它使得教师着眼于情绪发泄，而忽视了解决问题。

如果教师在其认知结构中对学生持有消极的认知与评价，就可能导致"着急"的消极情绪，以批评指责等方式对待学生；反之，如果教师积极地看待学生，就可能使教师更多为学生"着想"，教师就可能以积极的心情与学生沟通。比如，有位教师在其观念体系中不接纳学生的错误，那么就可能导致他对学生发火，在这位教师的头脑深处可能有这样一些消极认识："学生不应该犯错误""学生做错事是不可接受的""学生应该对教师服从和恭敬""教师是学生的绝对权威"，等等。

如果教师对学生形成一些积极的认识与评价，比如，"学生是发展的人""学生总是不成熟的""学生犯错误是可以理解的""学生是具有智慧和内在动力的人""学生有能力改善自身出现的错误""学生出现的错误是由过去的各种原因形成的"，等等，那么教师在与学生沟通时就往往会保持积极的情绪。

案例 21 中，那位班主任教师在面对学生的错误或问题时表现得有些"着急"，引起他过多的抱怨和牢骚，从而导致师生沟通的低效。因此，教师要避免为学生的发展而着急，而要多为学生的发展而着想，以积极的情绪面对学生。教师调控情绪经常处于积极状态的关键在于教师对教育教学工作和学生管理要有积极的认识和评价，这有助于教师取得有效的师生沟通，有助于取得教育教学实效。

 拓展案例 **教师情绪不好，可以不上课吗？**

> ### 【案例 22】教师情绪不好，可以不上课吗？[①]
>
> 教师身体不舒服导致心情非常烦躁、教师家中有事引发了严重焦虑情绪、教师在处理与家长的矛盾中因矛盾激化而情绪失控，等等，当老师在上课之前发觉有这样那样的较为严重的情绪问题，或者学校其他人员发觉教师有情绪问题时，教师可以向学校提出来，这节课不上吗？
>
> 这种情况以往没听说过，但是近年来，有的学校对教师管理就相继出现了这样的做法，实施了"教学回避办法"，有些中小学教师就逐渐拥有了这样的"特权"。比如，沈阳一所小学就实行了教师的"情绪假"制度，当教师情绪出现严重问题时，可以放半天假，由学校的领导或其他教师为其代课，这受到了老师们的欢迎。
>
> 据报告，该校的"情绪假"制度是学校领导研究出台的，教师在心情不好时可提前请假，为了保证教师在良好的情绪状态下进行教学活动，避免

---

① 摘自：北京青年报，2006 年 4 月 1 日

教师不良情绪干扰教学过程，减少对教学的负面效应，从而确保教师与学生的身心健康，提高学校教育的整体效益。学校的主要领导每人分担了几门学科的备课任务，在教师请假时，由相应的领导为教师代课。同时学校还请来心理咨询师，对教师的心理状态进行调整。

一、对"教学回避办法"的不同观点

实际上，学校实行的"教学回避办法"可以分为主动申请回避和劝说回避两种情况。主动申请回避由处于消极情绪中的教师自己提出，而劝说回避由其他教师或学校管理者提出。"教学回避"期间由学校安排其他领导或教师代替当事人实施教学活动。目前，提出"教学回避办法"的学校不止一所，对于"教学回避办法"人们提出了各种各样的看法，有支持者，也有反对者。

1. 支持的观点（举例）

> 学校推行的这项办法体现了以人为本的人文精神，也能避免因教师情绪低落而产生的一系列不良后果。教学实践中有不少师生冲突的个案与教师的情绪反常有关，尤其是对学生的体罚和变相体罚更是与教师的消极情绪有因果关系。因此，教学回避办法既从制度上保证了对教师的尊重，也是爱学生和对学生负责的具体体现。

> 要让学生有好的心情听课，老师就要带着好的心情去上课。

> 这样的决定是对学生负责，也是对教师的情感呵护，使无情的制度充满了理性的人情味。

> 我觉得校长这样做是对的。这里的回避不是永远回避。回避也并不意味着后续工作中不再作相关的工作。理解教师，应该从这些细微的地方入手。教师管理也应具有人情味。我觉得这个校长是好样的。

> 这才是人文关怀嘛，其实也是出于对学生的考虑。

2. 反对的观点（举例）

> 有点可笑！教师工作具有特殊性，教师会常有心里不悦，教师在实际工作中学会控制自己的情绪，也是一种基本功。如因为自己心情不好而经常骂学生，或影响上课，建议老师去看看心理医生。对学生来讲，经常生活在笑脸之中，对他们的成长也不一定有利呀。

> 真正的关怀做到家了的话，教师一上课心情就会好！回避不是办法！

> 如果许多教师情绪都不好，那么谁来代课呢？真正的关怀应来自心灵，不是休息两堂课的问题，而是尊重教师的人格价值，承认教师工作的复杂性，真心体贴教师，温暖教师疲惫的身体和心灵。

> 老师回避之后，他的工作暂时由谁做？比如，他正在上课时情绪不好了，他回避了，学生就放羊了？

二、如何正确看待"教学回避办法"？

不论支持还是反对的观点，都可以看出，教师拥有积极情绪的重要性。这也反映出一个大家共同的愿望：关心教师的情绪。那么，如何真正关心教师的情绪，教师如何调节好自己的情绪呢？

当前，学校管理呼唤人性化的管理观念和措施，许多学校都提出学校管理要"以人为本"，但是在具体实施时，很容易对这个"本"的理解局限于学生，将"以人为本"局限地理解为"以学生为本"，而教师这一学校人力资源的核心力量常常被排除在外，比如，过多重视学生的情绪情感表现，而忽视了教师的情绪情感体验，忽视了教师的情绪对学生培养的重要作用。

学校实施"教学回避办法"，明确规定如果教师遇到突发事件或特殊矛盾而导致情绪失控，那么教师可以向学校提出教学回避。如果教师没有意识到或不好意思主动申请教学回避，学校也可视其具体情况劝说其进行教学回避。这对学生和教师发展都具有积极意义。

教师良好发展的一个重要前提是教师要有积极的情绪状态，以及教师的心理健康要受到保护。如果教师的情绪不良，心理健康得不到保护，那么教师的教育教学潜能就可能得不到有效的调动和激发。然而，许多因素导致教师的情绪问题和心理压力，比如，教师作为社会各行各业中的普通一员，却承受着"太阳底下最光辉的职业"所带来的巨大心理压力。因此，为了教师形成良好的情绪状态，对各级学校教育管理者而言，有必要充分意识到教师作为一个普通人的心愿和诉求，重视教师的情绪及心理健康发展。对教师而言，也有必要充分意识到在教育教学过程中，调节好自身情绪的重要意义，尤其要意识到对学生发展的深远意义。

因此，当一位教师因不良情绪可能给教育教学带来负面影响时，"暂停"教学是一种充满理性和人性的管理措施。从教师自身来看，这是教师对学生保护意识的体现，是"以人为本"的体现；从学校管理来看，这是对教师的人性关怀，也是"以人为本"的体现。教师和学生都是有着各种情绪情感需求的人，教师对学生的教育引导，其目的不是干扰或控制学生的发展，而是激励或促进学生的发展。学校管理者也需要充分相信教师，给教师充分的发展空间，用尊重和关爱去培养教师工作的积极情绪、激发教师工作的巨大潜能，这种学校管理才能真正称之为"以人为本"。

三、教师们情绪都不好，怎么办？

面对"教学回避办法"，有人提出这样的疑问："一位教师情绪不好可以暂停上课，如果全体教师都情绪不好，那么学校是不是要停课呢？"还有人指出："目前，在有的学校，多数教师的教学情绪状态都不太好，需要'教学回避'的教师太多，这对教师来说也不现实。"

其实，这些疑问与"教学回避办法"并不矛盾，教学回避办法关注的是教师个体的情绪问题，而这些疑问关注的是教师群体的情绪问题。的确，目前教师群体的工作情绪状态在有些学校并不乐观，教师情绪耗竭等职业倦怠的情况在许多学校具有普遍性，因此教师群体的情绪问题不仅是学校管理所应该关注的内容，更应该是全社会关注的内容。"教学回避办法"恰恰反映出目前教师整体情绪状况并不尽如人意的现状。

就学校内部管理而言，尊重和理解每一位教师，是促进教师发展的基础。当教师出现严重情绪问题时，就需要有针对性地予以关照。另外，从教师的工作性质来讲，教师的根本职责在于"育人"，这一点与许多职业有着鲜明的区别。教师开展教育教学工作的对象是学生，教师的消极情绪很可能会感染或影响到教学效果和学生发展。在课堂教学时，教师积极的情绪和心态不仅能够高效地完成教学工作，也会给学生的学习与发展带来潜移默化的积极影响，反之，教师消极的情绪不仅可能影响教学水平，也可能使得教师不恰当地将消极情绪"转嫁"到学生身上，导致学生出现心理发展问题，甚至给学生造成难以弥补的心灵创伤。因此，教师自身要意识到不应带着消极情绪去工作，学校也需要给教师一些整理或调节好情绪的时间和空间。这样做，对于教师和学生来说无疑都有非常积极的意义。因此，教师自身与学校管理者都有责任引导教师调节好自身的不良情绪，不把个人的消极情绪带进课堂。

实际上，教师情绪非常不好的时候，是否可以采用"教学回避"而暂停上课，这并不是问题的关键。问题的关键在于学校管理是否真正做到"以人为本"，学校是否真正关心、关爱每一位教师，教师是否真正关心、关爱每一位学生。至少，"教学回避办法"对此是一种非常好的尝试。

第十一章　用爱心助有效师生沟通

——苏霍姆林斯基曾指出："爱，首先意味着奉献，意味着把自己心灵的力量献给所爱的人，为所爱的人创造幸福。"教师对学生的爱心也是如此。

 什么是真爱？

【案例23】什么是真爱？

有一次去机场送人，一起排队等候时，身边一位陌生老人友善地与我打招呼，他告诉我他是一名神父。我们在聊天中，他向我讲解《圣经》中上帝是如何创造人类的，我平静地回应他说，人是由动物进化而来的。他也平静地说："不对，人是上帝造的。"他问我人由动物进化而来的证据何在，我也反问他上帝创造人的证据在哪里，我们都不能说服对方，似乎没有什么共同话语。最后他给我一份印刷精致的宣传彩页，其中有一篇小文章叫"真爱"，对此我与他达成了共识。

的确，无论人是从哪里来的，无论人们的意见或观点是否一致，人们因爱而交往，这个世界因爱而运转。这篇"真爱"中写道：

"请问，你爱这个苹果吗？"许多人的第一个反应就是立即伸手过来拿，回答"我爱"。其实，问题只是说"你爱不爱"，并不是"你要不要"。

这世代的许多人逐渐把"占有"看作"爱"。许多的夫妻之爱，亲子之爱，师生之爱其意义往往变成"牺牲别人来满足自己"！

其实，真正的爱却是"牺牲自己为别人"。并且，爱的浓度是由牺牲的大小来衡量的。只有这种真爱才能使我们的社会更新，使每一个家庭产生温暖和欢笑，使学校成为育人的摇篮，也只有这种真爱才能让人真正成为人、成为万物之灵，让人有崇高的道德观念、提高了生命的价值观，活得愉快又高尚。

可是，这样的"真爱"，到哪里去找呢？也许它就藏在我们心里，藏在我们为别人的付出之中。

 分析与讨论 **真爱是"牺牲自己为别人"**

一、真爱的内涵

爱与责任是教育永恒的主题。关爱学生是教师爱心的核心表现。培养学生成才是教师责任的归宿。爱心与责任感是教师职业道德的核心内容，是教师职业道德在教育现实中的具体体现。教师的爱心有助于实现有效的师生心理沟通。

什么是教师对学生的真爱？广义来看，教师的爱心体现在教师对职业的爱、对学校的爱、对学生的爱以及对自身的爱。狭义来看，教师对学生的爱是其爱心的核心内容。从案例 23 中，我们能感受到真爱的根本含义在于付出，在于"牺牲自己为别人"。教师对学生的真爱，在于教师为了学生的发展而"牺牲自己"，而不是"牺牲学生来满足自己"，教师对学生的教育因为真爱而有了存在的意义，也因为真爱而精彩。

当然，这里并不是简单地强调教师要牺牲自己或消耗自己，教师对学生的真爱付出决不应是那种以损害自己的身体健康和忽视自身亲情关系为代价的一味奉献。这里是想明确教师对学生爱心的内涵，它不仅是为了满足教师自己的期待或愿望，而且最终是为了满足学生的发展需求；它不仅是为了满足教师自己的情绪体验，而最终是为了学生身心的健康发展。教师对学生的爱心要以促进学生良好发展为目标，其中，培养学生的爱心就是促进学生良好发展的一个重要目标，此所谓"以爱育爱"，学生的爱心会成为对教师爱心的回报，这也会激励教师更多地关爱学生。

教师的爱心是促进学生发展的力量。教师对学生要有爱心，原因在于教师职业的根本特征不仅在于教书，更在于育人。育人是教师的"天职"，教书与育人形成一体，不可割裂。教师在教书的同时自然肩负着育人的职责，教师不能只教书而不育人，尤其对心智发展并不完全成熟的中小学生来说更是这样。如果教书与育人两者脱节，如果教师忽视育人的作用，那么教书就失去其根本价值。

教师从事教育职业，自然对学生这一教育对象的发展有所期待，有所期待就会有情感投入。教师对学生的爱心就往往建立在教师对学生发展的关注和期望之上。当一个教师努力引导学生健康发展，希望学生学有所成，并根据学生的特点帮助他们走向这一培养目标时，教师就会对学生表现出真爱。

二、真爱是为了学生的发展

在学校教育中，许多教师对学生的爱可以称得上是真正的爱，因为他们的爱是真正为了学生，学生在这种真爱的哺育下茁壮成长。但也有一些教师对学生的"爱"并不是真正的爱，因为他们教育学生的做法表面上看来是爱学生，是为了学生发展付出了许多努力和心血，然而深究起来实际上却是为了自己，这种"爱"给学生带来的教育后果很可能是消极的，甚至是糟糕的。也许有些教师并不接受这种说法，教师为了学生发展而费尽心思，怎么是为了自己呢？

比如，有的教师看到学生考试没有取得好成绩时，虽然也知道学生为没有考好而难过，却一味地指责和训斥学生，导致学生出现严重的考试焦虑症状；有的教师对学生期望过高，即使看到学生考试成绩取得进步，却并不表扬学生，而是遗憾和不满意，因为学生的学业表现总是难以达到教师心中的期待，学生的考试成绩总是不如教师所愿；还有的教师以打骂体罚的方式教育学生，并对学生说"这是为你好"，其实学生都被体罚受伤了，怎么会是为了学生好呢？

从根本上讲，这是教师出于实现自己的愿望来考虑问题的表现。当然，并不是说这样的教师是自私的，也不是说教师不能从自己的愿望来考虑问题，而是教师必须从学生的角度考虑问题，认识到教育学生的根本目的在于学生发展，才能采用真正为了学生发展的教育方式。因此教师这些对待学生的做法表面上看来是"为了学生好"，是出于"爱心"，但是从教育方式及结果来看，却往往并没有体现出对学生的爱。

当教师过于关注自己对学生的期望和愿望时，就可能忽视了学生的心理需求和身心发展状况，那么教师的爱就很容易被扭曲，就可能成为一种为了实现自我目标的爱，而不是为了实现学生发展的真正的爱。

教师对学生的真爱是教师教育教学情感的积极投入和为学生发展的努力付出。拥有真爱的教师往往为学生着想，而不是为学生着急；拥有真爱的教师往往关注的是解决学生出现的问题，而不是批判学生的问题，发泄情绪；拥有真爱的教师往往关注学生的自我成长，而不是一味与他人比较；拥有真爱的教师在教学过程中懂得适应学生的心理水平，而不是拔苗助长、急于求成。

教师对学生的真爱的根本目的不仅是为了满足自己的教育愿望，更是为了实现学生的真正发展。这两方面并不矛盾，而是相辅相成的关系。教师对学生的真爱带给教师自己的是专业的发展和事业的升华，带给学生的是健康幸福的成长和对美好未来的创造。

 教师如何让爱心闪光

人生拥有真爱，就像沐浴着灿烂的阳光。学生拥有教师的真爱是形成积极人生情感与交往模式的良好保障。那么在与学生沟通的过程中，教师如何让自己的爱心闪烁光芒呢？结合本书"有效沟通的心理前提"和"如何与学生有效沟通"部分的相关内容，教师需要做到以下几个方面：尊重学生，全面认识和理解学生，良好的情绪调控。

一、尊重学生

尊重学生是教师与学生良好沟通的基础，也是教师实施教育教学行为的心理前提。尊重学生的本质含义在于教师从内心接纳学生的发展现状及其人格、权益、价值观等，并予以充分关注。

尊重是一种内心的接纳，而不是停留在口头的说辞。因此，对教师而言，教师要尊重学习成绩好的学生，也要尊重学习成绩不好的学生；教师要尊重受到同学喜爱的学生，也要尊重受到孤立或被拒绝的学生；教师要尊重遵守纪律的学生，也要尊重有错误的学生；教师要尊重赞同自己观点的学生，也要尊重与自己观点不一致的学生；甚至教师还要尊重不尊重自己的学生，因为教师的思维水平比学生高，教师看问题比学生更有广度和深度，当面对不尊重自己的学生时，教师也要尊重他。教师是学生学识和道德引导的权威或榜样，但是在人格上教师与学生是平等的，尊重学生就在于此。

当然，当学生出现问题或错误时，尊重学生并不等于教师赞同或允许学生的错误，而意味着教师对学生所犯错误的接纳，并把学生视为可受教育、可塑造的人。教师以尊重的态度来教育引导，甚至惩罚学生的错误行为，才能有助于学生成长，学生才能真正理解教师的一片爱心。正如交通警察面对一个违章的骑车人或司机所做的第一件事情不是指责，而是敬礼，第二件事情自然就是开出罚单，敬礼就是表示尊重，这样开罚单就容易被接受。

二、全面认识和理解学生

树立科学合理的学生观是教师准确认识和理解学生的前提。科学的学生观是教育理念的核心内容，体现着教育者如何正确地认识学生。当前教育改革提倡的科学合理的学生观主要包含三方面内容。

> (1) 学生是发展的人，教育者要用发展的眼光看待学生；
> (2) 学生是有个性的人，教育者要用独特的眼光看待学生；
> (3) 学生是在系统环境中成长的人，教育者要用系统的眼光看待学生。

当教师视学生为发展的、独特的、系统的人时，就会科学合理地看待学生及其出现的问题或错误。比如，教师如果认识到学生出现的一些错误是其发展过程中的必然表现，就不会情绪冲动地对待学生的错误，而是理性客观地分析和判断，只在必要时适当予以惩戒，而不会随意为之。

在正确看待学生的基础上，教师要全面认识和理解学生。教育学生的一个最基本的原则就是因材施教，教师在教育引导学生之前，需要对这个"材"有所了解。充满爱心的教育需要建立在教师充分了解和理解学生个体身心发展状况的基础上，教师不仅要了解学生的思维特点，还要了解学生的情感体验和表达的方式以及学生认识事物的特点。简言之，充分了解学生的各方面特点，这是教师把握好爱心尺度的关键。如果教师不充分了解学生的身心发展状况，那么就难以恰当选择教育学生的良好方式。教师必须了解学生的个性特点，针对学生的个性特点决定使用何种教育方式。

因此，在面对学生出现的问题或错误时，教师要理解其本质原因，从而从容面对。正如在本书第三章的案例6中，虽然那个学生跳楼的悲剧并不是教师直接导致的，教师并不是那个"炸弹"的制造者，而且在现实教育中，学生的一些较为严重的心理问题往往与其早期生活、学习经历有着密切的联系；但是，教师如果不了解学生，就很可能充当学生问题"炸弹"的"点火人"的角色，结果学生与教师都被"炸"伤。因此我们提倡教师要做学生问题的"灭火人"，而不要成为学生问题的"点火人"。

那么教师如何才能做到"灭火人"呢？教师要了解自己所教的学生。如果教师对学生的身心状态和个性特点缺乏了解，即使教师出于再大的爱心，这样的教育也会冒很大风险，甚至导致不良的后果。比如，有的学生心理承受力较差，教师对其施以较重的惩戒，结果很可能适得其反。

简单地讲，教师认知和理解学生就是站在学生的视角来看待学生发展及其问题，或者说是换位思考。正如卡尔·罗杰斯所指出的那样："理解是指体验别人内心世界的能力，理解他人的内心世界犹如自己的内心世界一般。"做到这一点并不是件容易的事，对教师而言，需要充分了解学生的发展特点，尝试换位思考，体验学生的体验，感受学生的感受。

当然，正如前文所言，尊重学生的错误并不等于赞同学生的错误，理解学生的错误也不等于赞同学生的错误。面对一个有错误的学生，有爱心的教师首先应当是对学生表示尊重和理解，感同身受，然后再引导学生改正错误。

三、良好的情绪调控

教师的爱心是一种感性的体验，它需要教师的理性加以调控。教师良好的情绪调控是其爱心的心理保障。

教师在消极情绪或情绪失控的情况下教育引导学生，极易使学生身体或心理受到伤害，即使这种行为表面上是出于对学生的爱。比如，在课堂上，有位小学生犯了错误，教师一时激愤打了学生屁股一巴掌。课后学生找校长投诉教师体罚学生，于是，校长找来这位教师了解情况，教师解释说："只是轻轻拍了学生一下"。然而当教师看到学生屁股上还留着红红的手指印时，无言以对，教师也没有想到这一巴掌打得这么重。在教育学生的过程中，教师失控的情绪很容易导致无法预料的不良后果。在许多情况下，教师都是出于关心和爱心来教育引导学生，但是教师不良的情绪状态需要受到理性的调控，才可能取得良好的教育效果。

那么，教师如何调节自己的不良情绪呢？这里再次强调一下基于"情绪的 ABC 理论"的调节技术，来进一步分析一下不良情绪产生的原因。

基于合理情绪调节的基本理论，"ABC"情绪调节技术可以帮助我们认识人产生情绪的原因所在。"ABC"情绪调节技术认为人既可以是有理性的、合理的，也可以是无理性的、不合理的。当人们按照理性去思维、去行动时，他们就会有很愉快的体验，并表现富有成效的行动；相反，当人们按照非理性去思维和行为时，就会感受到不愉快的体验，并降低行动效率。不良情绪是由于不合理的、不合逻辑的思维所造成的。也就是说，人的情绪不是由某一诱发性事件的本身所引起，而是由经历了这一事件的人对这一事件的解释和评价所引起的。

在教育情境中，不难发现教师在教育学生时的一些不良情绪反应往往是由于对学生的认识和信念而引起的。比如，教师如果形成以下一些关于学生不合理的认识或信念，那么就很容易产生消极情绪：

> 学生不应该犯任何错误。
> 教师讲过的题目，学生就应该做对。
> 学生要完全听从教师的安排。
> 有些学生再怎么教育也是没有办法教好的。
> 学生犯错误是故意的。
……

因此，教师应积极转变错误认识，调整自己不合理的信念，对学生形成积极的认识或信念，比如：

> 学生犯错误是正常现象。
> 教师讲过的题目，学生做错可以理解。
> 学生的合理意见，教师也应接纳。
> 教育方法总比学生的问题多。
> 学生犯错误往往不是有意为之。
……

自我提升 **以爱心面对学生的错误**

一、宽容学生的过错

【案例24】如何对待学生的过错？

事情发生在一所小学。离下午上课还有一段时间，许多同学都在操场上游戏玩耍。有一个班级的几名同学在一起相互追逐嬉戏打闹，其间不时发出欢快的笑声。在追逐游戏的过程中，这几个同学相互吐起了口水，他们都以此向对方发起"进攻"，同时努力躲开对方的"进攻"。我想这是小学生之间的一种游戏吧。

　　当然，这里并不是讨论学生的这种游戏。就在几个学生热闹地玩着这种游戏时，班主任老师恰巧从旁边经过，一个学生不小心把口水吐在班主任老师的肩膀上。试想，如果您是这位班主任老师，遇到这样突如其来的口水，会如何对待这名学生呢？

　　这位班主任老师把班级同学全都集中起来，命令全班其他同学，每人吐这个学生一口，以示惩戒。我想没有人会采用这位班主任老师如此特别的处理方法。

　　这样对待学生引发了严重的不良后果，这个学生无法承受同学们的"口水"，而导致精神严重失常，经医院确诊患了一种精神病，只好休学在家，不能上学了。这位教师的做法受到社会各界广泛关注，这些"关注"让这位教师疲惫不堪，后悔不已。

　　教师的一言一行都可能会在学生的心中产生深刻的影响。有时似乎是很小的事情，但不经意间却给学生的心灵造成很大的伤害。类似上面这种在学校中发生的事情，是我们都不愿看到的，它不仅伤害了学生的心灵，而且对教师自己的伤害也是不言而喻的。那么，我们该如何对待学生的过错呢？

　　答案就是宽容学生的过错。中小学时期，学生在成长过程中出现错误或问题是非常正常的事情，教师要用一颗平常心、宽容的心去面对学生的错误。教师要多关注学生的优点，冷静面对学生的缺点。多一份指导帮助，少一份责怪指责。在学生的错误背后，常常隐含着许多不为我们所了解和预知的与学生发展密切相关的东西。

　　宽容是教师爱心的体现，宽容不是对学生错误的纵容。宽容是教师对学生的一种心态，它旨在帮助学生改正错误，更好发展。人们常说"金无足赤，人无完人"，当面对学生出现了错误或问题，教师要有宽容的心，何况中小学生的身心发展并没有完全成熟。因此教师对待学生的过错，不管是大是小，都不必苛求，而需要用一份宽容的心去对待学生的错误，用爱心去帮助引导他们。

　　因此，那位命令全班学生吐口水的教师，如果当时能多一份冷静，宽容学生的过错，不采取那样过激的"教育方法"，那么学生就不会出现严重的心理障碍，教师也不会使自己陷入尴尬的境地。

二、体罚和惩罚是爱心的体现吗？

1. 体罚学生是教师爱心的体现吗？

【案例25】教师出于"爱心"体罚学生

我曾在一所小学针对教师体罚学生进行调研，在对一些教师进行访谈时，教师们告诉我，教师体罚学生是常有的事，而且学校领导也默认教师对学生的体罚。比如，有的教师让学生在教室门口罚站，有的教师罚学生在操场跑二十圈，有的教师变相地使用指责辱骂等"心罚"的方式来教育学生，等等。

当问及"为什么有的教师会打骂体罚学生"时，许多教师这样解释："教师打学生是因为爱学生"，"如果不爱学生，就不会管他们了"。当问及"为什么不用别的方式爱学生，因为打骂并不是唯一可选择的方式"，许多教师表示，"体罚学生的效果非常好，学生的不良表现是可以被打好的，学生的学习成绩也是可以被打出来的"。

当问及"为什么学校领导会'支持'教师体罚学生呢？"许多教师并不直接回答。我从侧面了解到，学校教师体罚学生的做法在提高学生的统考成绩方面颇有成效，甚至有的教师表示："学生一打，统考成绩就会明显提高，这是'规律'"，因此学校自然会有意无意地鼓励教师体罚学生。

在我国传统的私塾教育中，学生犯了错误，有些教书先生会用戒尺打学生的手掌，为了使学生以后引以为戒，减少错误，似乎教育效果非常好。但是现代社会对学校教育中体罚的认识并不是这样的，体罚被教育法规所禁止，它被认为往往只在表面上解决了学生的问题，而难以长远深刻地解决问题，反而可能给学生的心灵发展带来负面影响，这种影响有些可能是显而易见的，有些则可能在将来若干年后才可以看到。

在当前社会中，随着学校教育不断进步，体罚学生的情况在中小学中越来越少，教师体罚学生已经不普遍，但是，少部分学校或对少数学生仍然存在体罚的情况，这少部分受到体罚的学生在学生群体中的比例可能很小，但是，体罚对每一个学生个体的影响却可能很大。

而且，教师"心罚"学生的情况仍然普遍存在。这与体罚的情况有些类似，许多教师会打着"爱心"的旗帜对学生进行"心罚"，这不能不令人深思。所谓"心罚"是对学生心理上的消极干预，比如，讥讽、挖苦、嘲笑、谩骂、威胁等。"心罚"往往比体罚更具有隐蔽性，它不利于学生的心理健康发展，不利于培养学生良好的社会适应，有损于学生的自尊心和人格发展，可能导致学生心理压抑、自暴自弃，甚至表现出极端的问题行为。有时候教师的一句话语或一个眼神都可能对学生的发展产生重大的影响。

体罚和"心罚"在古时私塾中也许是一种真爱的体现，但是随着社会的不断进步，人们对教育及学生发展的本质有着新的认识和理解。我国《教师法》明确规定，教师不可以体罚或变相体罚学生。在当前的学校教育中，体罚和"心罚"不符合学生身心发展的规律，不利于学生身心发展，教师体罚或"心罚"学生并不是爱心的体现，而往往成为有些教师发泄个人情绪，实现某些个人目的和意图的手段。

2. 惩罚学生是教师爱心的体现吗？

教师不能体罚或变相体罚学生，那么，面对学生的错误或问题，教师也不可以惩罚学生吗？体罚与惩罚是一样的吗？惩罚与教师的爱心相矛盾吗？

广义而言，惩罚的含义比较广泛，它包括了体罚或变相体罚。狭义而言，惩罚与体罚有着质的区别，它是教育者为了引导和促进学生良好发展，在理性调控的情绪状态下，对学生不符合要求或规范的行为施以符合其发展规律的告诫或处罚。在这种意义下的惩罚有助于学生发展，它是教师爱心的体现。下面讨论的惩罚的含义就是狭义层面上的惩罚。

首先，教育惩罚的目的在于改正学生的错误或引导学生的行为，促进其良好发展，而不是伤害或阻碍学生身心发展，因此教育惩罚不同于违背学生发展规律、有损学生身心健康的体罚或变相体罚。

其次，教育惩罚要求教育者在实施惩罚的过程中要理性调控其情绪或情感，尤其要调控好不良情绪。教师做不到这一点，就不能够惩罚学生。如果教师以非理性或情绪化的方式惩罚学生，往往会导致惩罚过度或惩罚不当，难以实现教育惩罚的目的。

最后，教育惩罚的方式要符合教育教学规律和学生身心发展的特点及规律。教育惩罚取得良好效果的关键在于它根据学生的身心发展特点及规律加以实施，这也是教育惩罚之所以具有合理性的根本所在。

从本质上看，教育惩罚是通过外界教育力量来改变学生的心理或行为中出现的问题或错误，因此，随着学生身心发展的不断成熟，惩罚也应不断减少使用，惩罚的方式也应有所变化。在中小学教育阶段，尤其是小学阶段，学生内在动力和自我控制能力发展并不成熟，难以完全依靠内在力量来调控自我认识与行为，还需要外在力量来加以引导和支持。教育惩罚作为引导学生发展的一种外在力量，它既是教师教育引导学生的有力支持，也符合学生身心发展的需要。

教师对学生的惩罚不是教育目的，而只是一种教育手段。从根本上讲，促进人的发展最好的动力在于其内在自我推动力。这种内在推动力可以通过外在推动力来激发和培养。教育惩罚对于学生发展来说是一种外在推动力，尤其当学生缺乏内在推动力的情况下，酌情合理地使用教育惩罚将有助于促进学生发展并激发和培养学生的内在动力。因此，教育惩罚是一种促进学生发展的手段。

从教育方式来看，教育惩罚是引导学生良好发展的重要方式，它并不否定教育奖励，与赞美、鼓励等教育方式也不相互排斥，它们都发挥着教育和引导学生获得良好发展的重要作用。教育惩罚并不意味着把学生置于教育者的对立面，不意味着冷漠无情地对待学生，相反，教育惩罚是很有"人情味"的，它符合学生情绪情感及心理发展的规律。在引导学生改正错误或不良行为而实施教育惩罚时，教师与学生的心理沟通显得非常重要，它强调教师对学生"动之以情，晓之以理"，强调"忠言顺耳更利于行，良药可口更利于病"。因此为了实现学生的发展目标，取得良好的教育效果，根据不同学生身心发展的特点、根据不同的问题情境，教师选择恰当的教育惩罚方式就显得尤为重要，这种教育惩罚是教师对学生爱心的体现。

拓展案例　教师为何希望学生举手发言？

【案例 26】教师为何希望学生举手发言？

前不久去一所小学进行课题调研，听了一位教师的课之后，我在讲台前与上课的教师进行讨论交流，也有其他几位教师聚拢过来一起讨论。期间这位上课的教师向我提出一个问题："平时上课，许多学生都举手发言，但是，有一个学生上课总是不举手提问，也不举手回答问题，怎么办呢？"

我问道："这个学生有没有言语问题或言语障碍？"

教师说："没有，他在同学面前说话很流畅。"

我们首先需要考虑这样一个问题，对于一个小学生而言，如果他上课不举手提问或回答问题是不是学生的错误呢？或者说是不是一种学生问题呢？它会对学生的发展有什么不利的影响吗？

于是我进而问这位教师："您为什么要让这个学生像别的同学一样，上课也要举手提问或回答问题呢？"

教师说："他不回答问题，我就觉得他可能没有理解上课讲的内容。因为别的很多同学都举手发言，就他总是不举手。"

我问道："您认为每个同学都应该理解您所讲的内容，是这样吗？"

教师回答："当然是的，每个同学都应该理解，不是说'不让每一个学生掉队'嘛！"

我进而又问："为什么不让每一个学生掉队呢？"

教师说："他掉队了，整个班级的考试成绩就会受影响了。"

我问道："班级的考试成绩受影响了，会有什么后果吗？"

教师说："那当然会有的，现在都是统考，学生考试成绩不好，会影响学校对教师的考评，也会影响教育局对学校的考评，而且教师自己也不好看。"

我问道："那让我们分析一下，实际上，您是关心考试成绩，还是关心学生不举手呢？"

> 教师稍加思考说："两个方面都关心。"
>
> 我又问道："假如教育局取消了统考，学校从今天开始不参加统考了，您还会这样关心学生上课不举手吗？"
>
> 这位教师笑了一下，没有说话。这时，旁边一位教师补充说："可能就不会那么关心了。"

从这次与教师的对话中，我感受到教师很为学生的发展着想，但是也感受到教师有些为学生的发展着急，同时，也感受到教师对当前教育教学考试现状的无奈，比如，统考就给教师带来巨大的心理压力。

然而，教师为让学生上课举手发言的急切心情，反映出教师实际上真正关心的是什么呢？是学生的考试成绩，是学生的发展，还是教师自身的利益呢？这值得思考。

在学校教育中，当考试本身已经偏离了学生发展的目标时，当学生的考试成绩在一些情况下与教师的切身利益相关时，那么教师可能只是为了考试成绩，而不是为了学生的发展着想，或者说，繁忙的"应试"，使得教师无法顾及学生的发展，无法给学生以真爱。

每个学生都有发展的共性，也都有各自的不同特点。学生的学习能力不仅有水平的差异，而且也有类型的差异。教育应该允许学生存在差异，因此教师不必要求，也不必迫切期望每一个学生都达到统一的水平或同时达到某个水平，而应该接受学生的个性差异，在学生不同个性特点的基础上对孩子予以相应的教育和引导，这不就是我们经常说的"因材施教"吗？

其实，教师希望学生上课一定要举手回答问题的背后有两个值得讨论的问题：

一是，教师教育学生的出发点是什么？是为了学生的发展，还是为了考试成绩。考试成绩与教师的"利益"相关，它隐含着教师为了自己。

二是，教师为什么要为了考试成绩而教？这是一个令人深感困惑又无法回避的问题。这实际上蕴含着另一个问题：如何评价教师？考试分数是一个显而易见的"好"东西，许多学校管理者就仅仅拿它来简单地评价教师，然而教育教学工作却是一项复杂而富于创新的活动，怎能用一个小小的分数来衡量教师的工作呢？

目前在许多学校，教师为了考试分数而教，甚至教师为了考试分数而生存。那么，是什么把教师引向这样一种生存境地呢？我想是教育出了问题，是在学校教育应该把学生培养成什么样的人的理念上出了问题。当前，学校教育过分关注学生外在表现的塑造，而忽视了内在精神的培养；学校教育过分关注学生发展的"形"，而忽视了学生发展的"神"；学校教育过分追求立竿见影的效果，而忽视了它往往是长远深刻的表现。而且，当前社会过于功利和注重外显成果的认识偏差也对"应试"教育起到了推波助澜的作用。当然，从根源上看，"应试"教育与我国社会与经济发展仍然相对落后、教育发展不均衡等都有着密切的关系。

对于教师而言，我们呼吁教师要树立积极的学生观，视学生为发展的人，有个性差异的人，心平气和地对待学生出现的差异，因材施教地对待学生的发展。同时，我们更希望学校教育及其管理走向更科学、更合理的境地，比如，从管理改进角度来看，希望取消学校的"统考"或削减"统考"科目。

多年来，在我国的许多地方，无论是经济发达地区，还是不发达地区，无论是西部，还是东部，诸如"统考"之类的现象一直普遍存在，这的确需要我们深思，需要进一步变革。

图18　漫画"变调"

比如，有的地方教育主管部门竟然对小学的《品德与社会》课进行统考。我曾看过这样的统考试卷，第一部分是选择题，第一道题问：小明放学路上捡到一百元钱，怎么办？有四个答案供选择：A 交给警察，B 交给爸妈，C 交给自己，D 装作没有看见。"正确"答案是哪一个呢？当然是 A。学生选择 A，这一题就得 5 分，而选择其他答案就得 0 分。然而，学生的"品德"是一纸试卷难以考出来的。

再比如，有的地方教育主管部门对音乐、美术课进行统考，但是统考试卷上出现的都是填空题、问答题和论述题，这着实让美术教师和音乐教师深感困惑。于是，"上有政策，下有对策"，面对这样的统考，美术教师和音乐教师就给学生准备好厚厚的备考材料，让学生提前去背会一些可能考的题目。然而，这并不是在培养学生美术和音乐的素养，而是为了得到一个好的考分，以使教师和学校能顺利通过评价和考核。

不过，令人欣慰的是，目前有些地方的学校教育已经开始弱化表面的分数，而注重实质的素质培养。有的地方已经取消了统考，学生期中、期末等考试成绩公布也取消了百分制，改为等级制。教师、学生及家长都表示欢迎，正如有位教师所言："教师不用再为考试分数而奔命了，教师可以更多考虑如何真正为了学生发展而教了。"的确，真爱是牺牲自己为他人，教师对学生的真爱是为了学生发展着想。

但是，有的学校出现了新的教师评价问题。有一所小学的教师曾告诉我，虽然现在不统考了，考试分数也弱化了，但是学校开始拿"教科研"来评价教师，学校要求教师必须要做科研，要写论文，还要发表。这位教师告诉我，他自己也不知道到底为什么要做教科研，为什么要写论文，身边许多教师在相互抄袭或到网上"下载"，于是教师们又走进了另一种困惑与无奈之中。

学校教育现实中，教师为什么要应付统考或教科研，教师忙于应付统考或教科研又是为了什么呢？是为了学生发展，是为了教师自身的专业发展，还是为了其他什么？这些都值得我们深入思考和努力变革。

第十二章 以责任感助有效师生沟通

——教师对学生良好的教育引导需要责任感的有力推动，教师与学生之间有效的心理沟通需要责任感才能闪烁光芒。

 这位教师缺乏责任感吗？

【案例27】这位教师缺乏责任感吗？①

2008年6月12日，某地一所中学的两名学生在上课时打架，当时正在上课的教师站在讲台上并没有加以制止，而是继续上课直至下课。其中一名学生最终因抢救无效死亡。

经许多媒体报道后，此事引起了网友的广泛关注。这位教师是否负有责任，这也成为人们讨论的焦点。一时间，有人对这位教师表示认同和理解，也有人对他表示批判和谴责。

以下是一些人在网络上对教师表示认同和理解的留言：

➤ 这一悲剧的发生，不全是教师的错。

➤ 我不信在这位老师的课上学生打架是头一次，他肯定阻止过，这一次他没阻止肯定是有责任的。

➤ 我觉得也不完全是老师的错。现在的小孩子不好管，都是独生子女，如果老师动手打学生或体罚之类的，家长又要找教师"理论"。现在的孩子打架太正常了，什么都不顾，在课堂就大打出手，可见是没把老师放在眼里。

➤ 对学生不严不成器，你们可以去学校看一下，少数学校的学生都拉帮

---

① 资料摘自：中国新闻网 http://www.chinanews.com.cn/edu

结派，管都管不了。老师体罚了学生，家长就说老师不对；老师不管，家长又会问为什么不管。做老师真的是难！

……

也有很多人在网络上留言，批判和谴责这位教师：

➢ 孩子每天跟家长在一起的时间并不多，其实孩子在学校的时间是一天当中最长的！想想你们自己，对一个在课堂上死去的孩子一点也不心疼，居然如此冷血，怎不令家长心寒啊！

➢ 教师仍然坚持着把课讲完，表面上看这个老师有着多么强的敬业精神和职业道德，什么危难之事都不能动摇他在神圣讲台上的矜持，实际上他的内心已经被个人得失异化了。

➢ 他完全没有读懂教师的职责要"制止有害于学生的行为和其他侵犯学生合法权益的行为"。我国未成年人保护法也规定，保护未成年人是全体成年公民的共同责任。当学生的生命安全受到威胁，教师有责任、有义务去制止、维护。

➢ 因为没有相关法律对老师的保护，他们就会自动选择"不敢管""不想管""管不了"这样的自我保护方式。教师也太不像"教师"了，教育也只能成为"看客"的客栈。

……

 分析与讨论 教师肩负重大的教育责任

爱与责任是教育永恒的主题。爱心与责任感是教师职业道德的核心，是教师职业道德在现实中的具体体现。培养学生成才是教师责任的归宿。教师与学生之间实现有效的心理沟通，这也需要教师的教育责任感保驾护航。

一、教师的责任感有所缺失吗？

教师肩负着教育学生的职责，大多数教师都是有责任感的，教育教学工作中尽职尽责的教师并不少见，但是也时常有人感叹教师的责任感有所缺失，尤其是当一些被认为不负责任的教师见诸报端时，教师责任感的问题更是受到社会各界的关注。教师的责任感真的有所缺失吗？

案例27中的事件过程本身并不复杂，所谓对学生打架不闻不问的"旁观"教师成了人们关注的焦点。虽然据警方调查表明，学生之间的打架并不是学生死亡的直接原因，而只起到诱发作用。但是对于当时正在上课的教师来说，一方面是作为教师的职业角色和应当承担的职业责任；另一方面是作为旁观者的冷漠和回避。这两方面强烈的反差和不协调让许多人感到诧异不已，并不断追问教师"责任"的深意。

从法律的视角来看，学生在课堂上打架，教师不及时予以制止，这有违教师法。我国的教师法明确规定，教师要"关心、爱护全体学生"，要"制止有害于学生的行为和其他侵犯学生合法权益的行为"。因此，当学生的生命安全受到威胁时，老师不应该无动于衷，而应该想办法及时将打架的学生分开，并且课后与这两个学生进一步沟通，化解学生之间的矛盾。

从教师责任的角度来看，这位教师对自己本应肩负的教育学生的责任弃之不顾，理应受到谴责。但是事情也许并非如此简单，也可能另有隐情。据媒体报道，就在半年前，该中学曾发生过一起轰动全国的血案。该校的一名学生用菜刀砍断了班主任教师的四根手指，原因竟是前一天下午该学生上学迟到后被老师批评。教师的手指虽被植上，但部分功能已经丧失。而砍断教师手指的学生只有15周岁，并没有承担刑事责任。而且，此前这位班主任教师因为教育学生，还被学生家长打过。

二、教师的责任的社会分析

案例27中的这种学校教育现象，一方面反映着教师的责任感问题；另一方面也透视出当前社会尊师重道的意识有所缺失，缺乏积极有效的措施对教师的权益予以保护，导致教师在面对这种冲突事件时缺乏安全感。

虽然法律规定教师有责任"制止有害于学生的行为和其他侵犯学生

合法权益的行为"，但是，因为教师制止学生，或者说"管"了学生，而给教师自身带来一些无端伤害的情况也时有发生，这就容易导致许多教师不再"管"学生，因此，有人提出这样一个问题："教师要保护学生，而谁来保护教师呢？"

在人们感叹教师责任感缺失的同时，这类事件也暴露出教师人身安危和人格尊严保障缺失的现实。案例27中的事件发生之后，一位记者采访了课堂上的那位教师，教师这样解释："现在政策法规越来越多，都在保护学生，保护老师的却少得可怜。现在孩子都是独生子女，管松了，家长怪罪老师不管；管严了，家长说孩子负担太重。有时，我们也挺无奈的。"

有些人在网络留言中，没有把问题焦点置于对教师的理解或谴责，而是思考更为深层次的问题：为什么会出现这样的现象？此类事件折射出怎样的教育困惑呢？针对此事件的网络留言中有两段话语，值得人们反思。

> 当前在学校教育中，教师的作用被过分夸大，类似于"没有教不好的学生，只有教不好的老师"的理念固然是值得教师们追求的理想境界，但一旦将其绝对化，未免带上"教育万能"或"教师万能"的主观唯心色彩。尤其值得注意的是，当教师的责任被哄抬到不正常的高度时，教育成了谁都可以委以重任的职业。教师在教育孩子的过程中稍有过格之举，很可能频遭非议，沦为舆论关注的焦点。教师对学生违规体罚自不必说，如果连正常的批评教育等行之有效的教育方法都被归入变相体罚、心罚的行列，斥为对学生权利的侵犯时，试问社会到底能赋予教师多大的权利来教育问题学生、制止校园暴力呢？如果真像一些人宣扬的那样"把批评视作教师无能的表现"，试问教师除了"不管闲事"般地迁就与奉承，还能有多大的作为？

> 单纯依靠过度的赏识来激励学生，而缺失必要的惩戒功能的跛脚教育，对于纠正问题学生的不良顽疾能起多大的作用呢？这一事件的发生绝非偶然，如果不从制度和机制上加以改进，单纯靠对教师个体的谴责，将很难从根本上缓解教师发展所面临的现实困境。

　　当前，整个社会都在大力倡导责任感、正义感和诚信，然而，缺乏责任感，缺乏诚信的现象并不少见，举手之劳可以相助却置身于事外的处世心态和行为方式却在社会中经常出现，而且这种消极心态和行为还受到一些不良社会事件的影响而被负面强化。比如，有路人送摔倒老人去医院，却被伤者的家人强行认定为肇事者；有大巴司机停车救人，反被诬陷为撞人者，幸好大巴车里的摄像头拍下了救人的过程，事情才得以澄清。这是社会道德与责任的反常现象，而这种道德与责任的反常不能不引起人们的警觉。

　　因此，我们必须站在社会大背景下来讨论这一事件，否则难以真正发现这一事件及所导致悲剧背后的真正原因。应该看到，案例 27 中教师缺乏责任感的现象是这个社会缺乏责任感的心态的一个缩影，整个社会都应为之负责。

　　当然，针对案例 27 中的事件而言，那位教师的行为的确有些缺乏责任感，那种"无视"的心态很容易在教师与学生之间形成一道教育的"鸿沟"，使得教师与学生难有心理沟通可言，积极有效的教育引导也就无从谈起。

树立良好的责任感

　　教师的职业责任感对学生发展具有重要的作用，它推动教师关心学生发展，帮助学生解决发展过程中出现的问题或错误。教师与学生之间有效的心理沟通需要教师的责任感这一理性的力量加以配合，才能更好地实现学生发展这一学校教育目标。与教师的爱心一样，教师的责任感也是其职业道德的核心内容，也是师生沟通的有力保障。

一、教师职业的责任使命

　　教师这一职业明显不同于社会其他各类职业之处就在于，教师被赋予了培养人才的社会责任。教师的责任就是在学校教学过程中，根据社会发展的需要，履行教育职责，培养学生成为社会有用之才。简言之，教师的责任就是教师职业分内应该做的事情，什么是分内的事情呢？"分内事情"的核心内容就是教师要把教学和学生管理的工作做好，培养学生完成良好学业，与家庭等教育力量共同努力为学生健康全面发展而服务。再简单地说，就是教师要把课上好，要把学生学业及相关事务管理好。

教师的责任是教师职业角色与其应当承担的法律义务、社会责任和职业道德的统一。宏观来看，教师的责任是社会发展所赋予的，教师这一职业具有促进社会发展的使命，这种使命体现于教师按照社会的期望来培养学生。微观来看，教师的责任体现于教师以职业道德规范来要求自己，认真实施教育教学活动，用心对待学生的发展。教师的责任蕴含于他的课堂教学行为之中，蕴含于教师与学生的有效沟通之中。

二、责任感：促进学生发展的理性力量

教师的责任并不等同于责任感，教师的责任是外界赋予或要求教师具备的，而责任感是教师自己接受或要求自己具备的。教师的责任感是对其所从事的职业应当肩负责任的感知和接受。当一个教师感知和接受某种责任时，他才会形成相应的责任感，才会履行他所接受或认可的责任。从心理沟通的角度来看，当教师接受培养学生的责任时，他才可能积极与学生沟通，努力促进学生发展。

1. 拥有高尚责任感的教师

在教师队伍中，拥有高尚责任感的教师比比皆是。我们不能忘记2008年5月12日汶川地震时舍己救学生的教师们，也不能忘记1994年12月8日新疆克拉玛依的特大火灾中失去生命的36名教师，他们中的许多人同样也是奋不顾身地用高尚的责任感保护着学生。在那次火灾中，许多教师在脱离火灾险境之后，发现仍然有学生被困在着火的礼堂中，于是立即返回去营救学生，然而再也没有出来。许多教师用生命诠释着什么是教师责任感的高尚。

2. 拥有合格责任感的教师

教师不一定要拥有高尚的责任，但是一定要拥有合格的或基本的责任感。对于广大教师而言，作为一名合格的教师，就要有合格的责任感。拥有合格责任感的教师会感受到自己肩负着一份培养学生成长的社会责任，这种责任感为教师的职业赋予了深刻的意义。这种责任感会促使教师做好自己的本职工作，关注每一个学生的发展，也关注学生的全面发展；对学习好的学生负责任，也对学习不好的学生负责任；重视与行为表现良好学生的沟通交流，也要重视与行为表现不良学生的沟通交流。

因此，教师需要充分认识到自己对学生获得良好发展负有一份重要的责任，它未必多么高尚，却具有重要的价值。这一份责任感并不一定要体现在那些生死攸关的时刻，而是体现在平时的每一次课堂教学之中，体现在教师与学生的每一次心理沟通之中，体现在教师对每一个学生发展的积极关注之中。

然而，做到对一个学生的发展负责任并不困难，而做到对每一个学生的发展都负责任却并不容易。在学校教育教学过程中，这种情况并不少见，许多教师更多关心班级中那些表现突出的学生，比如，学习好的学生或者经常出问题的学生，而很少关心那些默默无闻的学生。有些默默无闻的学生很少与教师沟通，教师也很少与他们沟通。表面上看来，这样的学生似乎不用教师操心，让教师很省心，但是，这种忽视很可能意味着教师对这些学生没有尽到责任。实际上，教师往往并不是有意忽视这些学生，这反映出教师的教育思维境界有所局限的问题。

下面，来做一个非常简单的心理小测试，也许可以清晰地发现我们的认识事物的特点，发现我们的教育思维境界的局限所在。

心理小测试Ⅰ 你在圆中看到了什么？

请看图 19，你在下面的圆形中看到了什么？请不要过多地思考，根据自己的实际观察快速做出判断即可。

（答案在本书最后"附录：心理小测试答案"中）

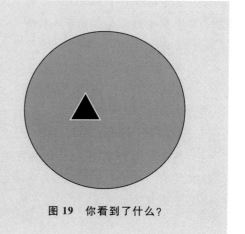

图 19 你看到了什么？

自我提升　做有责任感的教师

【案例28】学生都不上学的后果是什么？

有一次，我应一位中学校长的邀请去给一个初三年级的所谓"差班"学生做讲座。校长希望我给学生们的学习打打气，鼓励学生再抓紧，迎接毕业考试，取得更高的考试分数。

为了讲座过程中能与学生们相互交流沟通，为了学生们能畅所欲言，在讲座之前，我请准备帮我维持秩序的班主任老师离开教室。

在讲座过程中，我问学生每天学习有何感受，许多学生打趣地喊到："上学很累，希望学校解散！"这惹得大家都笑了。

我接着向学生们问了这样一个问题："如果我们学校的学生都不上学了，会发生什么？如果全国的学生都不上学了，又会发生什么？"

许多学生兴奋地说："那该多好，每天一定很舒服。"

我微笑着说："你们认为会过舒服日子的想法可能难以实现。如果全国的学生都不上学了，会发生的事情就是两个字'亡国'，历史上的'八国联军'之类的东西很快就会再次打过来了，'各种不平等条约'也会相继签订，你和你的后代也就没有'舒服日子'可过了。"

许多学生们露出不解的表情，我接着问学生："你们都学过中国历史，历史上的中国受欺压和受侵略是什么原因？"

有学生回答："国家穷。"

我说："不对，我们国家不穷，我们有那么多白银和黄金可以'送'给那些掠夺者和侵略者。"

又有学生回答："科技不发达。"

我说："科技不发达并不是关键原因，还有一个非常重要的原因是什么？"

于是有学生回答："是教育落后。"

　　我说："没错，就是因为教育落后，是人的素质低。对我们每一个人来讲，就是要勤奋学习，成为高素质的人，这个国家才能有发达的科技，才能真正强大，才能不亡国，你才能过上'舒服日子'。"

　　讲座中，我还与学生们聊起了如何做有素质的人，也对当前过分以考试分数来评价学生素质的评价体系提出了异议。我甚至告诉学生："分数不重要，重要的是努力。"我想校长如果听到我这样说，也许会后悔请我来的。讲座之后，我与校长谈了我对"差班"这种说法的看法。我并不赞同学校称这个班为"差班"，这个班的"差"是学校评价体系所认为的。在与学生的沟通过程中，我发现这个班学生的"差"主要是表现在考试成绩上。事实上，在讲座过程中，我深刻感受到学生们活跃的思维和聪慧的心灵。

　　学生的良好发展蕴含着国家的强盛，我想每一位教师都有一份促进学生良好发展和培养学生成才的责任。我在与中小学教师访谈中，经常会讨论这样一个话题："学生发展不好是谁的责任？"许多教师认为是"社会"，也有不少教师认为是"家庭"，只有少数教师认为是"教师"自身。

　　从责任归属的角度来看，制造问题的人必须对出现的问题负责，但是，教师作为教育者，其责任更为重大，教师往往要对学生发展的各种问题负有教育引导的责任，无论教师是否是学生问题的导致者或制造者。比如，对于一个学校来讲，如果这个学校的教师们发展不好，是谁的责任呢？校长作为管理者要考虑的是自身是否尽到责任，因为他们对教师良好的发展负有责任；对于一个班级来讲，如果学生的学业没有发展好，是谁的责任呢？教师作为教育者要考虑的是自身是否尽到责任，因为教师有一份帮助学生的学业获得良好发展的责任。比如，如果学生在课堂上没有学会教师所讲授的内容，那么教师首先应该考虑是否是自己的责任，备课或教学方法环节是否有待改进。教师不应首先把学生问题的责任归于学生本身或其他方面，即使可能有其他重要原因导致学生没有学会课堂上所讲的内容或出现学业不良等问题，教师也对学生发展负有教育的责任，也要首先考虑自身是否尽到责任。正如，本书第三章案例6中指出的，学生心理问题的"炸弹"往往并不是教师制造的，但是教师也要做学生心理问题的"灭火人"。

事实上，学生获得良好发展是家庭、学校和社会共同的责任，这三方面都应当努力承担相应的责任，而不是回避和相互推卸责任。对于每一方而言，都不必盯住另两方的问题或错误，而要努力看到自己的责任，从自身找原因，寻找解决问题的途径，勇于承担责任。因此，教师要拥有帮助学生良好发展的责任感，努力承担这份教育职责。当然我们希望家长和社会也努力承担起各自的那份责任。

 拓展案例 **学生沉迷网络游戏谁之过？**

【案例 29】学生沉迷网络游戏谁之过？

曾有一对父母来找我，请我帮助他们解决孩子的网瘾问题。他们的孩子经常逃学去校外网吧，沉迷于网络游戏。父母为了让孩子远离网络游戏，用尽了各种办法，有一段时间，母亲甚至天天跟着孩子，看着孩子走进学校了，母亲还要守在学校门口，以防孩子偷偷跑出来。然而，孩子却从学校围墙翻出去，去网吧玩游戏。父母切断孩子的经济来源，却发现家里的一些东西被孩子拿出去卖了换钱，再去网吧。

孩子觉得自己没有什么错，却抱怨父母整天打麻将不理会自己。的确，孩子的网瘾问题与其父母整天打麻将而对孩子缺乏关爱和引导的教养方式有关，而父母并不这样认为，他们认为孩子的网瘾问题是学校的责任，是由于教师对孩子管理不严造成的。教师虽然多次与这位学生的家长沟通，反映孩子的网瘾问题，并希望家长配合学校予以引导，但是，家长认为孩子是在上学期间去网吧，就应该是教师的责任。教师对此感到有些无奈，常规的学校管理实在"控制"不住这个学生。

那么，学生出现了这样的问题，到底是谁的责任呢？

必须认识到，家庭、学校、社会都对学生的良好发展负有责任。在影响学生发展的各种宏观和微观因素中，父母和教师作为直接的教育者责任最为重大，父母常常被称为孩子的"第一任教师"，是孩子的教育启蒙者。当学生步入学校之后，教师就成为学生学习与发展的主要指导者，同时，家长对孩子的教化作用并没有消失。可以说，家长与教师都对学生的发展有着潜移默化、长远深刻、不可替代的作用，不过两者的主要责任有所不同。

在目前的教育现实下，如果教师的职业责任比较模糊，那么教师承担的责任就难以明确，责任就有可能被过度缩水或无限扩大。比如，学生在学校发生的任何事故都很容易归咎于学校，追责于教师。尽管各级各类教育主管部门出台了一些"中小学安全管理办法"，但是，对教师应有的责任缺乏准确的解释和界定，面对具体问题时，教师的责任仍然被习惯性地扩大化，于是，一些本不该教师承担的责任却让教师为此感受着过大的压力。教师无力承担这些扩大化的职业责任，这不仅不利于解决问题，反而会干扰或弱化教师承担起自己本应承担的那份责任。

一、教师责任被扩大化之困

教师对学生的发展虽然负有重大责任，但是，在目前的教育现实中，教师对学生所负的责任常常被扩大化了。学生在学校出现的各种问题时常被归咎于教师的责任，教师为此倍感压力。比如，学生在学校出了安全事故、品行问题、心理问题等，往往被归咎于学校和教师。长此以往，教师也自觉不自觉地把自己的责任扩大化了，情况就变得更为复杂。比如，有的教师看到学生犯错误，就非常生气，甚至体罚学生，教师在一定程度上把自己视为学生发展的主宰了，然而，事实上这是教师难以做到的。如果教师明确自身的责任，对于学生的发展做出力所能及的努力，那么教师面对学生的错误，心态也会平和起来。

教师责任扩大化不仅不利于加强教师的责任感，反而容易因责任过度而引起教师的逆反和消沉，降低了教师的责任感，甚至干扰或弱化了教师承担自己本应承担的教育责任。于是，许多教师形成一种遇到学生问题就首先考虑如何回避责任的行为模式。比如，有媒体曾报道了台湾地区的一所小学发生了这样一件事情。教师正在教室里上课，一个小学生突然从座位上站了起来，走过教室窗前，从窗户跳出自杀了，之前这名学生并没有与教师发生任何冲突或矛盾。记者在采访这位教师的时候，他深感惋惜地说："在上课前，我已经看出这个学生情绪有些不好，但我没有多想，想着下课后再找这个学生谈谈，结果没等到下课就出事了。"那位教师态度坦诚，一点儿也没有回避之意。事后，经过调查认定那位教师没有责任。

但是，试想如果这样的事情发生在大陆的一些学校，那么教师遇到这种情况能否面对记者说出"我已经看出这个学生情绪有些异常"的话语呢？如果教师那样说，那么许多莫须有的、过度的责任很可能会转嫁到教师身上。如果教师这样说，那不知道要承担多大的责任，不知道有多少人会质问教师："既然已经看出异常，为什么不管呢？"我想许多教师可能难以坦诚面对，许多教师即使看到学生情绪有些不好，也许会说："没看见，什么都没看见。"

比如，目前有的中小学校在学生入校或放寒暑假之时要与学生或家长签订安全协议，让学生或家长保证不让学生"出事"。事实上，那怎么能保证得了呢？何况即使学生在放假期间不幸出了事，那也未必一定是学校和教师应当承担的责任，而学校和教师却如惊弓之鸟一般努力有意无意地回避着它。

其实，教师如此回避责任也有些无辜。目前家庭本应主要承担的品行教育责任在相当程度上转嫁给了学校，有些家长把孩子教育的责任甚至全部交给教师，有意或无意地减少甚至放弃自己对孩子的品行教育责任。一旦孩子在学校出了问题，有些家长就来"讨伐"学校和教师，认为教师没有尽到教育孩子的责任。比如，近年来引起社会广泛关注的"留守儿童"和"打工子弟学生"等社会现象所引发的教育问题就蕴含着家庭教育的缺失，这是原本应由家庭承担的责任向学校转移比较集中的体现。在这种情况下，教师不仅对学生承担了学校教育本应主要承担的学业发展的责任，而且也承担了本应由家长主要承担的对孩子品行教养和监护的责任。这无疑使教师在更大程度上承载了外界附加的额外重负。教师在肩负着教育教学和繁杂事务性工作之外，还要试图代替家长来承担品行培养的责任，但这并不是仅仅可以依靠教师承担得起的责任。

当前，社会各界对教师有着过高的期望，往往一味强调教师无私奉献和舍己为人地全面履行学生品行与学业教育的责任，而忽视了家长对孩子品行发展的主要责任，忽视了教师的基本权益，忽视了教师"奉献"和"舍己"的责任限度。这些过高的期望是对教师职责的苛刻要求，也是不合理的，是对教师发展与成长基本规律的违背。

二、教师责任有待进一步明确

明确教师的责任是培养教师责任感的基础。2008 年新的《中小学教师职业道德规范》对教师的责任做出了说明和规定，而且对此规范进行新修订的征求意见稿也对教师的职业道德做出了一些新的诠释，这引发了各界对教师职责的热议，比如，保护学生安全是否是教师的职责。

【案例 30】"保护学生安全"拟写入师德规范引发热议

2008 年 6 月期间，教育部在其官方网站上公布新修订的《中小学教师职业道德规范》（征求意见稿），将在全国范围内公开征求意见。新修订的《中小学教师职业道德规范》（征求意见稿）拟增加"保护学生安全"的消息，引发热烈讨论。

不少人认为，师德规范在此时修订并增加"保护学生安全"直指地震发生后出现的"范跑跑"事件。对此，中国教育部新闻发言人王旭明 27 日在接受记者采访时明确表示，对《中小学教师职业道德规范》进行修订与个别人的个别现象没有必然联系。王旭明说，教育部早在 2004 年就启动了《中小学教师职业道德规范》修订工作，专门就此成立研究小组，由专家、教师及教育部官员组成。这是师德规范自 1997 年以来首次修订。

此前，师德规范从未对教师在灾难中的职责作明确规定，也没有相关法规要求教师在地震发生时必须保护学生安全。此次修订是根据近年来教育和教师工作出现的新情况、新问题、新特点，在前期充分论证、广泛征求意见、深入研究的基础上进行的。

"为了使这个意见更充分体现广大民众的心愿，我们于近日在网上公开征求意见。如果和某些人的某些现象一致起来，纯属巧合。"王旭明表示，新修订的师德规范在广泛征求意见后将会尽快出台，力争更加符合当前教师队伍建设的实际情况，同时也希望被社会各界广泛认同。

此外，也有人认为，将"保护学生安全"写入师德规范，是对大地震中涌现出的优秀教师壮举行为的认可，也是对个别不和谐的不良行为的谴责。这项规定不是约束，而是提醒，因为爱与责任是师德之魂。爱学生是一名教师合格的底线，保护学生就是这种爱体现的方式。如果不能保护学生，教师合格的底线就突破了。绝大多数教师都有保护学生的心态。在这次地震中，就涌现出一大批可歌可泣的英雄教师。事实上，中国教师群体一直是把热爱学生和保护学生作为自己的职业操守。

也有观点认为，此时修订非常及时，有助于教师了解未来如果再发生类似灾难，他们应该做什么，对今后教师职业道德和师德的提高是有好处的。

许多人认为新师德规范写入"保护学生安全"这一内容更明确了教师要保护学生的安全，丰富了教师职业道德的内容，保护学生应该是教师的职责，需要广大教师共同遵守。

同时，也有许多人指出，教师职责在操作层面上仍然缺乏明确的界定。比如，旧的《规范》中要求教师要"关心爱护全体学生"，那么"关心"的具体含义是什么？"爱护"的具体含义又是什么？在新规范的征求意见稿中，提出了教师要保护学生，但是"保护"的含义是什么？对此并没有明确指出。针对汶川地震中有的教师不顾学生先跑出教室的行为而言，如果在我国的中小学师德规范中对"保护"做出具体规定，比如，"在发生灾难性事件时，教师要先疏散学生，必须最后离开教室"，那么，我们就可以准确认定"先跑"的教师责任感缺失，没有尽到职业责任。但是，如果在师德规范中没有对"保护"做出具体规定，那么就很难做出准确评判，或者说可能会做出过于灵活的评判，这对教师承担教育教学的责任，解决学生发展的问题并没有益处。

再比如，在"热爱学生"条目下，旧师德规范指出教师要"对学生严格要求"，而征求意见稿的新条款则修改成"对学生严慈相济，做学生的良师益友"，那么何谓"严慈相济"？何谓"严格要求"？对于这些重要词语的内涵都应有明确的解释或界定。如果没有一个非常明确的界定，缺乏具有操作性的衡量指标，诸如此类的情况都会在很大程度上增加教师责任的模糊性，给教师严格承担和认真履行相应的责任带来难度。因此，如果有的教师在体罚或"心罚"学生之后，会做出这样的解释："这是严慈相济，是出于对学生的爱护"，那么我们又该如何证明这不是严慈相济和爱护学生呢？

从发展的眼光来看，教师的职业责任有待进一步明确，有待于进一步具体化和操作化，这对提升教师的责任感，吸引具有良好责任感的人从事教师职业，对提升教师职业地位都有着实质意义。

三、教师的教育责任辨析

1. 社会是学生发展的大背景

社会这一学生发展的宏观背景环境，对于学生的发展有着固有的责任。在学生沉迷于网络游戏的案例中，不仅有家庭的责任，有教师的责任，社会也有着不可推卸的责任。我们可以看到，父母对孩子的教育是一种社会现象，影响着孩子的学业与发展。麻将成瘾在某种程度上也是一种社会现象，它影响着许多人的日常行为。正是由于社会教育功能有所缺失，进一步加剧了家庭弱化其教育责任的趋势，家庭责任的缺失又导致教师责任的加重，教师责任的加重又导致教师回避责任的心态。事实上，学生的发展是一个系统工程，学生、教师和父母都是社会中的人，他们不可能脱离社会而生存，在他们身上必然有着社会的印迹。

目前，社会教育在学生成长中所起的积极作用还需要不断开发，已有社会资源还有待充分、合理的利用，而且潜在的社会教育资源不足，因此，在社会并没有充分担当起其教育责任的情况下，一些原本应由社会承担的教育责任部分甚至全部地转移到教师身上。这使得教师承担着他们本不该、也无法承担的责任，这无疑使教师在一定程度上承载了外界附加的重负，特别是在一些社会原因导致学生问题增多的情况下，教师除肩负着教学、辅导任务外，甚至还要试图控制不良社会风气对学生的影响，试图创建良好的社会氛围，这并不是法律法规赋予教师特有的责任，而是多种社会职能及其他社会角色向教师转移的社会责任。

当前，社会各界对教师有着过高的期望，往往一味强调教师无私奉献和舍己为人的责任，而忽视了教师的基本权益，忽视了教师"奉献"和"舍己"也需要有所回报，这是对教师的苛刻要求，是对人与人相互作用的基本规律的违背。于是教师一旦出现问题或错误，就有可能承担全部的责任，然而，教师承担不起，就会令许多人感到失望。因此，教师过多背负着外界社会强加的责任，不仅不利于加强教师的责任意识，提升教师的责任感，反而容易因压力过大而引起教师逆反和消沉，降低教师的责任感，导致许多教师形成一种遇到问题就首先考虑如何逃避责任的行为模式。

2. 家长是孩子品行发展的主要责任人

我曾遇到过这样的情景，一个四五岁的小孩子冲上公共汽车后，占了两个座位，并大声对后面的母亲喊到："妈，快来，我给你抢了个座位！"母亲紧跟着挤上车后，坐在孩子为自己抢的座位上兴奋地笑着，对孩子说："你真棒！"那神情流露出对孩子的赞美。孩子的行为很难用对错来评价，但是，那个时候，家长对孩子行为习惯的教育影响力恐怕是教师难以匹敌的。

我不禁为我的一位朋友教育孩子的做法而感动。有一天，这位朋友带着他五岁的孩子去同事家里玩。当回家以后，他发现孩子手里拿着一个玩具，就问孩子玩具是哪里拿来的。孩子天真地告诉他，是刚才从同事家里悄悄带回来的。这位父亲理解孩子是觉得好玩才"爱不释手"，但父亲告诉孩子不能这样做。那时虽然天已经有些晚了，而且路程也不近，但是父亲还是给同事打了电话，带着孩子立刻返回同事家里，让孩子把玩具还了回去，并表示了歉意。

可见，早期家庭教育对孩子的影响是学校教育难以实现的。即使当孩子上学以后，家庭教育也影响着孩子未来的品德发展与行为习惯的培养，影响着孩子心理健康的成长。学生获得良好发展是家长与教师共同的责任，学生发展出了问题，责任也应由教师与家长共同来面对。

从宏观来看，家长对孩子的品行发展应负有主要责任，教师对孩子的品行发展应负次要责任。正如在学生沉迷于网络游戏的案例中所讲到的，家长与孩子之间缺乏沟通，家长有着疏于关心和教养的责任，家长应该是主要责任人。家长并不能简单地认为学生的问题出在学校就是教师的责任，这种看问题的思维方式过于表面化了，它并不利于双方责任的明确，不利于家长承担自己的责任，更不利于孩子问题的解决。

3. 教师是学生学业发展的主要责任人

每一位教师都有促进学生良好发展和培养学生成才的责任。教师对学生发展的教育责任是重大的，但是这并不意味着教师的责任是无限度的，教师对于学生获得良好发展的责任必须是教师职责范围内的责任。

相对于家庭教育而言，教师的主要责任应在于培养学生获得良好的学业发展，次要责任在于培养孩子良好的品行发展。这里的"次要责任"并不意味着学生在学校的品行培养不重要，也不意味着教师可以忽视学生的品行培养，而是希望明确教师对学生发展责任的主次。因此，面对案例中的学生网瘾问题，教师也不能回避，虽然不是教师导致学生出现网瘾，但是，作为有责任感的教育者，教师应积极与学生进行心理沟通，了解学生的问题原因，寻求学校心理咨询教师的帮助，或者向家长推荐心理咨询专业人士，协助家长予以妥善解决。

一般而言，当学生的学业出现问题时，教师应为之负主要责任，教师不应把自己应承担的主要责任转嫁给家长，比如，有的教师要求家长给学生批改家庭作业，要求家长给孩子讲解和复习课本中的知识点，要求家长给孩子辅导功课，这些都是教师把自己本应承担的责任推卸给家长的表现。家长应为孩子的学业发展提供力所能及的支持，如果家长愿意帮助孩子辅导作业，那么教师表示欢迎，但是教师不应要求家长那样去做。

从宏观来看，对学生全面发展而言，教师可以积极地予以促进，但是许多因素是教师单方面难以控制的，教师对学生发展所应承担的教育责任是有限度的。明确责任是承担责任的前提，只有明确了教师应有的教育责任，教师才可能切实有效地担负起这一教育责任。

　　4.教师与家长共同承担教育学生的责任

　　社会作为大的背景环境影响着学生的发展，而教师与家长是学生发展的直接教育者，他们直接影响着学生的发展。教师与家长要履行好各自的责任，相互合作，相互支持，共同承担起教育学生的责任。

　　因此，学校教育不应把自身的责任转移到家庭，家庭教育的责任也不应转移到学校。然而，现实中，家庭教育责任缺失的情况较为严重，有些学生家长把家庭教育的责任一部分甚至大部分转移给学校和教师，有意或无意地缺少甚至放弃自己对孩子的教育责任，比如，有的父母自己经常打骂孩子，就把打骂孩子的权利"授予"教师，要求教师也要打骂孩子；有的家长看到孩子出现品行问题，就来"讨伐"教师，认为那是教师的错；有的家长出于工作繁忙就把孩子送到寄宿制学校，等等。有一位小学教师告诉我，有位家长明知孩子出水痘了，却把孩子照常送到学校，自己去上班了，教师只好把孩子送到医院治疗。有一位贫困地区的教师告诉我，在他所在的学校，有的家长不给孩子买铅笔等学习用品，而让孩子去向教师要，教师为了维持正常教学，只好给学生买。

　　目前，家庭教育责任在一定程度上有所缺失。尤其，近年来引起社会广泛关注的农村"留守儿童"和"打工子弟学生"，这些学生出现的一些问题就是家庭教育责任缺失或转移比较集中的体现。在许多现实情况下，教师不仅对学生承担了学校教育应该负有的责任，而且实际上承担了本应由家庭承担的对孩子的教养和监护责任。家长把本应自己承担的那份责任转移给了教师，而教师又承担不起，于是学生的发展就容易受到不良影响。

　　事实上，学生获得良好发展是家长与教师共同的责任，不能完全由教师或家长一方来承担。当学生在学校的学习出了问题时，当学生在学校的品行出了问题时，很难讲这完全是由教师导致的，对于问题的根源应本着实事求是的原则进行分析，明确责任，以解决问题。但是一些家长的思维方式往往这是样的：学生的问题出在学校就是学校和教师的责任。这种从表面看问题的思维习惯并不利于责任明确和学生发展。即使学生的问题不是教师导致的，教师也应承担起教育引导学生的责任，加强与学生的沟通交流，帮助解决学生的问题，而不能置之不理。

毫无疑问，对于学生获得良好的发展，教师有着重要的责任，但这份责任必须是教师职责范围内的。因为教师的责任重大并不等于教师的责任无限，培养学生不仅是教师的责任，也是家庭和社会各界的责任。学生的发展受到家庭、学校和社会各界诸多因素的作用，这其中的许多因素并不是教师可以控制得了的，很难讲教师决定着学生的发展，因此，教师对学生的学习与发展承担的教育责任是有限度的，只有明确教师应有的职责，才能使教师切实地担负起教育责任。

总之，学生获得良好发展需要家庭和学校共同承担责任，教师与家长都应关注学生的全面发展，教师对学生的学业发展应负有主要责任，而家长对孩子的品行发展应负有主要责任。学生的发展受到家庭和学校等诸多因素的作用，这需要家庭和学校相互支持、协同履行各自的责任，以实现学生良好发展的教育目标。教师与家长双方都应当努力承担各自相应的主要责任，并积极辅助对方履行责任，都应认识到自己的主要责任，勇于承担责任，积极寻找解决问题的途径。

引申：提升教师自主，促进师生沟通

事物发展的规律在于外因是发展的条件，内因是发展的关键，外因通过内因起作用。教师发展也必然遵循发展的规律，发挥内外因素的作用是实现教师发展的依据。本书强调教师与学生心理沟通的重要作用，强调教师应积极主动地与学生进行充分的沟通，但是实现有效的师生心理沟通并不仅仅是外界力量所能支配的，它更需要教师的内在动力。就教师发展而言，教师要具备教育教学的自主，教师自主作为内在动力与外在动力的结合对教师发展及师生沟通有着重要的推动作用。

教师自主具有两方面的含义：一方面是自主性，它是教师指向内在的自主，即教师作为主体对自身的指导和支配，表现为教师以积极的态度对待工作，具有教育教学主动性和进取心，良好控制自己的教育教学情绪和行为方式等。自主性是有效实施教育教学的内在条件，也是教师促进自身发展的心理需要，它对教师取得良好的教育教学效果及获得良好专业发展有着至关重要的作用。

另一方面是自主权，它是教师指向外在的自主，即教师作为主体对客体的支配，表现为学校管理赋予教师调控教育教学及相关事务的权利，教师能够在外部压力和控制中获得独立性，教师自己有权决策和支配自己的教育教学情境等。自主权是教师有效实施教育教学工作的外在支持，获得充分的自主权有助于教师提升工作动力，形成良好的教育教学理念与方法。

目前，教师发展的自主性和自主权都有所缺失，一方面，教师的自主性亟待提升；另一方面，教师的自主权亟须赋予。

一、激发教师的自主性，提升师生沟通的内在动力

随着我国教育事业不断发展，教师素质得到极大的提高，但是，教

师的整体素质仍不容乐观。制约教师专业发展的一个重要原因就是教师的内在动力不足。许多教师的教育教学情绪低落，专业发展表现出消极被动性，逐渐失去了自主发展的需要和动力。不少教师仅仅把自身职业作为一种谋生的手段，而不是为之奋斗的事业，甚至有些教师变得职业倦怠，以非常冷漠、消极的教学心态面对学生。整体看来，中小学教师消极被动地面对教育教学活动，缺乏目标意识，内在动力不足的情况并不少见。教师以这种工作心态面对学生发展及相关问题，难以实现有效的师生心理沟通。

我们研究发现，教龄为6～10年的小学教师的自主性相对其他教龄段来说偏低，表现为一个内在动力的低谷阶段。这个时期教师的消极心态可能源于工作中遇到的问题与挫折的积累，这应引起学校管理的重视。对于中学教师而言，不能不说当前的"应试"教育挫伤了许多教师的工作积极性，有一位受挫的中学教师这样说："我刚当教师时，工作非常努力，但是我只教了一个学期，学校领导就让我停课反省，因为学生的考试成绩不理想。评价教师怎么能只靠分数呢？从那以后我对教学就不感兴趣了。"

因此激发教师工作的内在动力，提升教师的自主性显得尤为重要，它有助于教师从"要我发展"转变为"我要发展"和"我能发展"的状态，从而积极主动地提升和完善自身的专业素养。对于师生沟通而言，它有助于教师从"要我沟通"转变为"我要沟通"和"我能沟通"的状态，从而通过充分的师生沟通更好地促进学生发展。只有当教师自己愿意发展并有能力发展时，教师才可能获得真正的发展。只有当教师愿意并有能力与学生沟通时，才可能有真正的师生沟通。教师拥有良好的自主性，积极主动地实施教育教学活动，师生心理沟通才具有现实意义。

二、赋予教师的自主权，提升师生沟通的外在动力

自主权是制约教师专业发展的外在因素，是教师教育教学工作的外在动力保障。教师需要拥有充分的教育教学自主权，不应被动机械地执行管理指令或简单地模仿他人。教师需要有权利参与学校教育教学管理，有权利发表自己的教育教学观点，做出自己的教育教学决定，展现自己的教育教学特色。

我国相关法律和学校规章制度虽然对教师的教育教学权利做出了规定，但是，学校教育管理实践中，许多情况下，教师的自主权并未受到足够重视，这使得教师工作缺乏外在动力，也降低了教师工作的主动性和责任感。当前，教师肩负的责任远远超过了他们的权利，形式化、简单化的教师管理方式严重制约着教师的自主权，教师对学校教育教学活动缺乏参与感、决策感和权威感，许多教师表现出被规定、被控制的职业特征。

就课堂教学而言，教师在承担繁杂教学任务的同时，却缺乏选择教学方法和教学材料的权利。比如，有的学校推广所谓的参与式学习，班级的桌椅都以小组形式摆放，然而有些教师表示自己所教的课程并不需要这种桌椅摆放的方式，这对教学效果没有实质意义，同时，深入课堂听课之后，我们也发现在有些适合这种教学模式的课程教学中，却看不到一次小组讨论，桌椅摆放完全成为形式。

教育教学是一种富于创新又灵活决策的复杂活动，它需要教师拥有自主权。自主权是教育教学创新的手段，教育教学创新是自主权的价值体现。缺乏自主权在很大程度上削弱或抑制了教师专业发展和教育教学创新。虽然赋予教师充分的自主权具有一定"冒险性"，但是，正如杜威（John Dewey）所指出的那样，创新的大敌就是极端地被控制，如果管理者或决策者回避风险，过于强调对教师的控制，那么教师势必变得因循守旧。因此，赋予教师充分的自主权将使得教育教学充满创新的理念和活力，师生沟通才会取得更多创造性的成效。

当然，提升教师的自主权并不意味着学校失去对教师的管理，提升教师的自主权与加强对教师管理之间不矛盾。有效的教师管理意味着赋予教师充分的自主权，如果学校管理过于控制和束缚教师发展，那么势必降低教师管理的效率，导致教师的工作变得被动而守旧。为了学校更好发展，应重视并努力采取措施来提升教师的自主权，增强教师的教育教学权威地位，从而提高教师为学校教育发展服务的动力。

此外，教师拥有自主权也不等于学校对教师放任自流，教师的教学自主权要受到教师的责任感和爱心的引导，才能真正发挥其促进教师专业发展和促进师生心理沟通的作用，因此提高教学自主权要以教师良好的教学素养为前提。如果教师缺乏良好的教学素养，而一味提高教学自主权，那么教育教学就可能变得混乱而低效，这对教师的评价与管理提出了新的挑战。

自主性和自主权是制约当前教师专业发展的重要内在与外在因素，自主性在一定程度上也受教师拥有自主权的制约，同时也影响着教师获得多大程度的自主权。教师专业发展既要激发内在动力，激发教师的自主性，又要提升外在动力，充分赋予教师自主权。良好的教学自主性有助于教师把握好自身所拥有的自主权，并进一步使自主权发挥其应有的价值。教师的自主权如果缺乏自主性的调控和制约，教师的教育教学决策就可能变得失去条理，过于草率和武断。同时，自主性也在一定程度上受其自主权的影响，没有自主权作保障，教师的自主性也难以持久。

学校教育为了培养学生良好素质，促进学生良好发展。教师只有拥有自主性和自主权，学生获得良好发展才具有现实性。教师只有拥有自主权和自主性，才拥有工作的内外动力，才能积极主动地面对多样化和个性化的学生，因材施教地实现教育教学创新，使每个学生都能在各自不同的基础上得到充分发展，从而实现教育的目标。

但是，当前一些过于形式化和简单化的教师管理方式严重制约着教师的自主权，也降低了教师的自主性。许多学校管理者或上级主管部门对教师的管理过于控制，简单地强调整齐划一，"一刀切"式地管理教师，却忽视了教师的个性差异和发展需求，教师教学自主权和自主性的作用和价值难以实现，也就没有有效的师生沟通可言。因此，教育改革和教师专业化越来越强调把充分的教学自主权下放给教师，同时也强调调动和提升教师的教学自主性，其用意在于使教师成为优秀的、创新的教育者。教师只有具有创新的教学意识、教学观念和教学能力，才能使学生获得良好发展。

总之，提升自主性和自主权是对教师的职业价值、尊严和内在潜能的充分重视，是"以人为本"的体现，它对促进教师与学生的心理沟通具有现实而又深远的意义。

附录：心理小测试答案

第三章　心理小测试 A：快速完成下列任务

答案：60 秒时间内完全可以完成这些任务，只要您按题目要求去完成。

如果您没有完成，请仔细看任务的第 2 条："请认真通读下面的各项任务"，请注意"通读"两个字，它要求我们"读"，而不是"做"，然后再看第 16 条："读到此，你只需完成前两条任务，然后做如下事情即可。"因此，我们只需要认真通读即可，而不需要逐条去做。

做完这个心理小测试 A 之后，你有何感受呢？有的人可能在认为逐条完成任务，但由于时间太短没有完成任务而感到遗憾。有的没有完成任务的人可能高呼上当了，那么是谁"欺骗"了你呢？

也许我们很快会发现，这个心理小测试并没有"欺骗"你，而是"你的眼睛欺骗了你的心"，明明看到的是"通读"，而内心里却加工为"通做"。这就是人际沟通主观性的体现，人们对事物的判断往往带有较强的主观色彩，有效沟通需要主观与客观之间的契合。

那么，这对教师的学校教育教学工作有何启示呢？对教师与学生的沟通有何启示呢？教师需要减少对学生过于主观的认识和判断，要在充分了解学生的基础上来判断学生的问题，避免主观臆断，所谓"没有调查研究就没有发言权"。

当然，这只是一个心理小测试，它不是来难为我们的，而是有意如此设计来"暴露"我们的主观性，让我们认识到自身可能存在的沟通障碍。

第四章　心理小测试 B：第一印象在人际交往中的作用有多大？

答案：第一印象的作用有多大？这个问题并没有统一规定的答案，人们对"第一印象"做出不同的选择，正反映出人们不同的个性特点，比如：

（1）认为第一印象的作用在 90％以上，做事可能容易冲动，爱憎分明，经常表现得情绪化。

（2）认为第一印象的作用在 60%～90% 之间，做事可能时常凭感觉而行，有时缺乏理性。

（3）认为第一印象的作用在 30%～60% 之间，做事可能比较理性，偶尔会被表面现象所迷惑。

（4）认为第一印象的作用不到 30%，做事可能非常有理性，喜欢发掘事物的本质特征，有时几乎有些刻板。

（5）认为第一印象没有任何作用，做事可能过于谨慎，可能经常对他人怀有戒心，对他人缺乏信任感。

当然，以上判断带有游戏色彩，并不能用它来鉴定我们的个性。人际沟通中，正如我们对第一印象的作用会做出不同评判一样，第一印象会在不同程度上作用于我们与他人的交往。

第四章　心理小测试 C：小鱼在想什么？

答案：这个心理小测试没有真正的正确答案。所谓的"正确答案"是图画中的一群小鱼和一条小鱼它们什么也没有想，没有任何所思所想。这只是一幅图画，它们是静止的或是"死"的，它们不可能有所思所想。然而，真正有所思所想的不是小鱼，而是看小鱼的人。

人对外界事物的评价常常并不意味着事物本身具有某些相应的特点，而是意味着对自身内在态度与价值观的投射，简单地讲就是人在评价外界事物时，往往有意或无意地流露出自身的想法和观念。因此，我们对小鱼所思所想的判断，其实是我们内心价值观及价值判断的自我投射。

第五章　心理小测试 D：数一数有多少个正方形？

答案：图形共包括 30 个正方形，可以根据不同大小的正方形的组合一个一个数，也可以用公式计算：$1^2 + 2^2 + 3^2 + 4^2 = 30$，当然多数人不知道用公式计算，而是一个一个数。虽然每一条边、每一条线都清晰地呈现在我们的眼前，但是，我们难免数不完整，有所遗漏，这正反映出我们思维局限性的客观存在。

第五章　心理小测试 E："架桥"问题

答案：这是一道考察人们发散性思维的题目，它不同于脑筋急转弯之类的题目，它需要我们的思维创新能力。这道题目的"正解"是，根据题目的要求，在河面上架一座宽200米，长100米的桥，然后我们可以从桥面上，直接从A点径直走向C点。

许多人会恍然大悟，觉得原来如此简单，但是现实中，大多数人想不到这一解决问题的方案，因为我们习惯于以常规思维方式来考虑问题，而创造性地解决问题往往需要思维具有良好的发散性。

第五章　心理小测试 F：自我觉醒的训练

第一部分的分析与解释：

对完成的十个句子的解答并无正确与错误之分。对自己的问题、缺点或烦恼等，我们需要拿出勇气去积极解决它们，由此，促进自我理解和他人理解才成为可能。

自己的问题往往自己觉得最清楚，其实不然。人们对自己的缺点或不足经常是一种漠然含糊、暧昧不清的理解，特别是很难明确这些问题。能一定程度上看到和知道，但往往不去意识它而将其抑制到无意识之中，通过回答以上问题，不仅有助于人们理解自身在各方面所存在的问题，而且还可以促进自我接纳，从而深化自我展示的态度。

作为学校教育者，需要深化自我理解，接纳自己否定的侧面并走向对自我肯定化，使防卫的态度转化为自我展示的态度，重视自身的价值观与判断，以促进接纳的、良好的人际关系的形成。明确认识自我、悦纳自我，对一位学校教育者做出合理的教育教学决策是非常重要的。

第二部分的分析与解释：

分析自己的优势、优点等，对于提高自己的教育教学工作积极性、提升自我价值感是非常有意义的。一般而言，学校教育者为了加深对自我的认识与理解，往往比较关注自身发展所存在的问题和不足，但是，教师也必须积极去发现自己的长处和优点，以尊重和理解的态度去对待自己。

因此，作为学生的教育者，教师首先应该正确地认识并肯定自己的优点，相信自我具有发展和成长的可能性，认识到大多数人基本上可以说是"善的存在""有价值的存在"，以形成一种理解他人的基本态度，促进对自我和他人的理解。

对以上十个句子的完成并没有正确与错误之分，认真地完成它们会有助于分析和理解我们的内心世界。面对我们的内心，我们不仅要去发现问题或不足，也要努力去发现优势和优点。假如一个学校教育者连自己的优势和优点都看不清楚或不去关注，又如何能看清楚或关注学生的优势和优点，又如何看到学校教育与学生发展的美好前景呢？

第七章　心理小测试 G：父母如何理解孩子

答案：五句话语应该说都没有向孩子传达理解。理解的基本内涵在于换位思考，通情达理，但是这五句话语都是说话者从自身角度在看待事情，并没有体验到孩子的体验。而真正理解的话语需要让孩子相信他人体验到了自己的体验，比如，"我明白你心理很难过""我知道你的身上有些疼"，等等。

第七章　心理小测试 H：教师如何理解学生

答案：教师的五句话应该说都没有向学生传达理解。理解学生就需要教师从学生的角度去思考问题，体验学生的体验，但是这五句话都是教师从自身教育与管理的角度在看待学生的问题。教师可以向学生传递理解的话语，比如，"我知道你心里也不好受""我想你对别的同学没有恶意"，等等。

第十二章、心理小测试 I：你在圆中看到了什么？

答案：圆形中包括两个内容，一个是黑色的三角形部分，还有一个就是圆形本身所包含的灰色部分。而大多数人可能很自然会回答说看到了黑色的三角形，而对灰色部分却可能视而不见，很少有人会注意到圆形中还有一片灰色部分，而且这部分灰色在圆形内占据了更大的面积。

这个心理小测试的回答并没有对错之分，我们从中可以体验到人的认识是具有一些主观倾向性的或者是有一定局限的。

后 记

在一次学校教育培训活动中，教师们被要求画出"优秀的学校管理者是什么样的?"结果每组人员都不约而同地把有效地沟通作为评价优秀的学校管理者的一个重要指标。其中，有一组人员画了如下这个图，来描绘心目中的优秀学校管理者。

从图中可以看出，优秀的学校管理者的心中要想着"爱生"，是一位热爱学生的教育者；优秀的学校管理者要一手抓"有效教学"，一手抓"健康安全的学校环境"；优秀的学校管理者要关注沟通，尤其关注与学生的沟通；优秀的学校管理者要注重倾听，不仅听校内学生的声音，也要听校外家长的声音；优秀的学校管理者对学生要具有全纳精神，眼中不仅看到男生，也要看到女生；不仅看到学习好的学生，也要看到学习不好的学生，等等。这样的学校管理者人们就会对他或她叫好，就会赞赏地喊出"Yeah"。我想学生心目中的好教师也是如此。

目前，沟通在学校教育领域越来越受重视，教师与学生的心理沟通已经成为促进教师发展和学生成长不可或缺的内容。学生作为学校教育的根本目标，教师积极有效地与学生沟通就显得极为重要。教师作为学校人力资源的核心力量，学校许多事务和学生发展目标需要由教师这一核心力量来完成和实现，因此教师需要关注学生的良好发展，要为学生发展着想，以学生发展来推动学校发展和班级建设，这不可避免地要通过师生心理沟通来实现。

本书主要内容来源于中小学教育管理的实践调研、中小学教师培训以及中小学生的心理咨询活动，针对相关内容进行提炼和综合概括而成。本书既关注理论指导，又强调对学校教育者的实践运用价值，并在学校教育与管理理论的层面上加以提升，希望以学校教育与管理实践渗透于理论，以学校教育与管理理论来指导实践。

概括地讲，本书希望突出师生心理沟通的两方面内容：一是沟通的理念，二是沟通的方法。两方面相比较而言，方法易学，而理念难求。沟通的方法比较容易掌握，但是沟通的理念是否能够获得就难讲了，这需要教师的内心对沟通理念予以理解与接纳。正如本书中所言，教师可以很容易学会向学生提问时说："我讲清楚了吗？"但是教师真正要掌握是这句简单的话语背后的深刻理念。

因此，对于教师而言，树立积极的沟通理念更值得关注，拥有科学合理的沟通理念，那么沟通方法就根据不同的问题情境而会千变万化、层出不穷。如果以一个公式来表示何为有效沟通的话，那么这个公式就是：积极的沟通理念＋良好的沟通方法＝有效的沟通。

本书许多内容代表作者的个人观点，其中有些观点或许有些偏激，或许有些片面，全书也难免存在一些疏漏，因此敬请各方指正。同时，借用莎士比亚的一句诗"接纳他人的观点，保留自己的判断"，与阅读此书的学校教育工作者共勉。希望阅读此书的教师们也接纳此书的观点，同时保留教师们自己的判断，让我们都成为思维独立的人，自己来决定自己的所思所想。

本书创作过程中，与许多中小学的学生、教师和校长就此主题进行了大量的沟通，得到广泛的支持和帮助，在此表示感谢。期间，也与我所在的北京师范大学教育管理学院的同事们进行了沟通，听取了许多的意见和建议，在此表示感谢。在本书成稿过程中，我指导的研究生们对本书提出许多宝贵建议，同时做了大量的资料整理和校对工作，也在此表示感谢。

姚计海

北京师范大学教育管理学院

2013 年 1 月 21 日